LIBERALISMO E NATUREZA
A Propriedade em John Locke

LIBERALISMO E NATUREZA
A Propriedade em John Locke

Rodrigo Suzuki Cintra

Copyright © 2010 Rodrigo Augusto Suzuki Dias Cintra

Direitos reservados e protegidos pela Lei 9.610 de 19 de fevereiro de 1998. É
proibida a reprodução total ou parcial sem autorização, por escrito, da editora.

Dados Internacionais de Catalogação na Publicação (CIP)
(Câmara Brasileira do Livro, SP, Brasil)

Cintra, Rodrigo Suzuki.
   Liberalismo e Natureza: A Propriedade em John Locke / Rodrigo
Suzuki Cintra. – São Paulo: Ateliê Editorial, 2010.

   ISBN 978-85-7480-476-7
   Bibliografia.

   1. Direito - Filosofia 2. Direito de propriedade 3. Filosofia
política 4. Liberalismo 5. Locke, John, 1632-1704 - Crítica e interpretação 6. O Estado I. Título.

10-01715   CDU-340.12:347.23

Índices para catálogo sistemático:
1. Propriedade: Ponto de vista lockiano: Filosofia do direito
340.12:347.23

Direitos reservados à
Ateliê Editorial
Estrada da Aldeia de Carapicuíba, 897
06709-300 – Granja Viana – Cotia – SP
Telefax: (11) 4612-9666
www.atelie.com.br / atelie@atelie.com.br

2010

Printed in Brazil
Foi feito o depósito legal

Aos meus pais.

SUMÁRIO

Nota prévia   11

Agradecimentos   15

Prefácio – *Elza Antonia Pereira Cunha Boiteux*   17

Introdução   23

Sistema de Citações   33

1. Definições da Palavra Propriedade   35

2. A Propriedade no *Primeiro Tratado sobre o Governo*   41

3. A Teoria da Propriedade no *Segundo Tratado sobre o Governo*   55

   3.1. Estado de natureza   57

   3.2. Propriedade e razão   74

   3.3. Proprietário de si mesmo   85

   3.4. Apropriação e trabalho   94

   3.5. Limites da propriedade   107

   3.6. Trabalho e valor   121

   3.7. Propriedade e justiça   124

LIBERALISMO E NATUREZA. A PROPRIEDADE EM JOHN LOCKE

3.8. O dinheiro 128

4. A Propriedade nos Demais Capítulos do *Segundo Tratado sobre o Governo* 131

4.1. O poder paterno, político e despótico 132

4.2. A propriedade no governo civil 136

4.3. Uma teoria da separação entre os poderes 144

4.4. Direito de resistência e propriedade 158

5. Propriedade e Tolerância 175

Liberalismo e Natureza. A Ilusão da Democracia e da Igualdade 187

Bibliografia 193

NOTA PRÉVIA

Este livro é, em grande medida, fruto de uma dissertação de mestrado que defendi na Faculdade de Direito da Universidade de São Paulo em 2008. Inicialmente, seu título era *Liberalismo e Natureza – Filosofia Política e Direito em John Locke*. Porém, no decorrer dos anos que dediquei à pesquisa fui me convencendo, aos poucos, que falar em *filosofia política* ou em *direito* para a filosofia de John Locke significava, indiscutivelmente, tratar do problema da propriedade privada. Isso se transformou, ao fim das pesquisas, inclusive no argumento essencial que tentei defender perante a banca examinadora: a propriedade é o conceito central que permite a construção da Sociedade Civil, bem como é o conceito que pode sustentar o direito de rebelião contra uma organização civil estabelecida. Neste sentido, é a defesa da propriedade que garante a ordem ou pode ser o que a altera. No fundo, acabei me convencendo que todo o sistema político-jurídico-moral-econômico de Locke estava amarrado pelo conceito de propriedade – era preciso, então, mudar o título e o rumo do trabalho.

LIBERALISMO E NATUREZA. A PROPRIEDADE EM JOHN LOCKE

Contaminado pela origem acadêmica, este livro tem lá suas peculiaridades. Em primeiro lugar, devo destacar a formatação geral dos argumentos e a sequência dos raciocínios. O livro tem a intenção de explicar todo o sistema político, jurídico, ético e econômico de Locke a partir do conceito de propriedade. Ou seja, o texto defende uma tese, a saber, a impossibilidade de uma compreensão dos demais conceitos lockianos separados do conceito de propriedade. Em segundo lugar, a estrutura escolhida para a redação do texto. O livro contém inúmeras notas de rodapé e, para piorar, a maioria está em língua inglesa. Fiquei tentado, mais de uma vez, em suprimi-las. No entanto, desisti de assim o fazer. Tenho meus motivos. A nota de rodapé, principalmente no caso de ser uma citação em inglês do original de Locke, permite o estudo e a confrontação de minha interpretação com as impressões do leitor. No fundo, deixar as notas de rodapé significa um profundo respeito pelo leitor. Com este instrumento, o leitor poderá acompanhar a utilização da bibliografia mais de perto e inclusive verificar aquelas afirmações que não cabem no corpo do texto, mas que ajudam a entender um determinado ponto.

Enquanto realizava a pesquisa e redigia o texto inicial, gostava de pensar – e, para falar a verdade, ainda gosto – que investigar o caminho sinuoso pelo qual a propriedade privada opera nos argumentos filosóficos de Locke no século XVII era, ao mesmo tempo, compreender como se formaram os diversos discursos sobre a propriedade ainda vigentes em nosso próprio tempo. Locke está ali, nas origens do liberalismo e será o principal articulador da concepção de que a propriedade é um direito natural dos homens. E é esta naturalização da propriedade, esta justificação, que vai conduzir o debate político e econômico de toda a modernidade. É nesse sentido que acredito, sem exageros, que Locke seja o melhor teórico da propriedade,

NOTA PRÉVIA

o que pode ser facilmente comprovado pelos inúmeros seguidores que deixou.

Mas o que significa exatamente dizer que é possível se enxergar na doutrina da propriedade de Locke elementos de nossa própria vida econômica, social e política? Talvez a resposta mais direta a essa pergunta seja a seguinte: se for possível encontrar incompletudes, inconsistências ou contradições na doutrina da propriedade de Locke, nas origens do sistema liberal, poderíamos identificar e, possivelmente, desativar os discursos prontos que rodeiam a intocável naturalidade da propriedade privada. Em outras palavras, quando decidi investigar um filósofo do século XVII estava de olho nas consequências para o nosso próprio tempo.

AGRADECIMENTOS

Primeiramente gostaria de agradecer ao Departamento de Filosofia e Teoria Geral do Direito da Faculdade de Direito da Universidade de São Paulo pela maneira democrática e pelo critério acadêmico com que fui admitido para o programa de pós-graduação. É preciso ressaltar minha gratidão ao meu professor-orientador, professor Tercio Sampaio Ferraz Jr., que me permitiu autonomia em minha pesquisa e liberdade de ideias, sem se esquecer de cobrar rigor metodológico em minhas reflexões. Sua orientação foi decisiva em momentos difíceis na elaboração da dissertação e talvez não seja preciso dizer que seu conhecimento, profissionalismo e contribuições são largamente reconhecidos no cenário jurídico brasileiro.

Gostaria de lembrar, também, a atuação de outros professores que, de forma direta ou indireta, contribuíram para que eu pudesse finalizar minhas pesquisas. Destaco, neste sentido, o apoio da professora Elza Boiteux, que através do Programa de Aperfeiçoamento de Ensino da USP, me proporcionou a possibilidade de lecionar enquanto realizava meu programa de mestrado e se transformou em uma excelente interlocutora.

Devo mencionar também o professor Roberto Romano que fez a leitura dos primeiros esboços deste trabalho e, de maneira crítica, chamou a atenção para algumas passagens que estavam ainda sem uma reflexão mais profunda.

Seria preciso destacar, igualmente, no que diz respeito à minha trajetória na academia, o apoio constante do amigo e professor Roberto Nussinkis Mac Cracken, sobretudo pela aposta em minhas atividades de docência.

Considerando que um projeto de pesquisa demanda muitos esforços que vão além do estrito escrever do texto, quero agradecer profundamente aos meus pais, Dyrceu Aguiar Dias Cintra Jr. e Vera Lúcia Suzuki Dias Cintra, pela compreensão e incentivo com que me ajudaram durante todo o programa de mestrado.

Por último, fica o meu agradecimento ao apoio de Renata Nacci, minha companheira, que com amor e carinho soube me ajudar nos momentos mais difíceis na elaboração deste trabalho e, muito compreensiva, entendeu muito bem meus momentos de inserção na filosofia política inglesa do século XVII.

PREFÁCIO

Este livro marca a estreia do professor Rodrigo Suzuki Cintra como autor e resulta da sua dissertação de mestrado orientada por Tercio Sampaio Ferraz Jr.

Tive o privilégio de acompanhar a sua vida acadêmica, desde a graduação até o doutorado, passando pelo mestrado. Também participei da sua banca para a defesa da dissertação, realizada com brilhantismo.

Durante a graduação na Faculdade de Direito da USP/SP ele fez parte do grupo de aperfeiçoamento de pessoal de nível superior da Capes, conhecido pela sigla PET[1] e coordenado pelo professor José Eduardo Faria. Os alunos são aprovados após rigorosa seleção e se dedicam em período integral ao estudo e à pesquisa.

Ao fim da graduação, Rodrigo foi o orador da turma e logo ingressou no mestrado da mesma Universidade. Ele foi selecionado para o Programa de Aperfeiçoamento em Ensino (PAE).

---

1. Programa Especial de Treinamento para alunos da graduação.

LIBERALISMO E NATUREZA. A PROPRIEDADE EM JOHN LOCKE

Fui sua supervisora nesse período, durante o qual ele revelou grandes virtudes para a vida acadêmica. Tanto como professor quanto como pesquisador. Como professor ele transmitia para os alunos o entusiasmo pela busca do saber; como pesquisador ele se destacava entre os demais auxiliares pela competência com que realizava as pesquisas e tarefas solicitadas.

Rodrigo também concluiu a graduação em filosofia na Faculdade de Filosofia Letras e Ciências Humanas da USP/SP, curso que muito acrescentou à sua formação jurídica, permitindo-lhe unir a filosofia do direito à filosofia política.

O livro centra-se na filosofia política de John Locke, representante da escola do direito natural que dominou o panorama dos séculos XVII e XVIII. Ao apontar as especificidades do modelo lockiano o autor mostra o que o distancia dos demais modelos jusnaturalistas de Hobbes, Rousseau e Kant.

Locke elabora um modelo jusnaturalista identificado com o Estado liberal limitado, que se apoia na dicotomia opressão/liberdade. O valor principal desta teoria está na afirmação da "propriedade" como um *direito natural fundamental* que antecederia a instituição da sociedade civil.

A propriedade como direito natural fundamental abarcaria em si todos os demais sentidos, como por exemplo, a posse sobre as coisas. Além disso, a conservação da propriedade se transformaria no fim último da sociedade civil.

Dentro desse sistema o que permite passar da *propriedade comum* para a propriedade individual é o *trabalho*, pois o esforço físico que cada homem realiza para adquirir ou transformar um objeto agrega a este um determinado valor. O trabalho fundamenta o direito de propriedade e a lei natural estabelece limites a ele.

Quem pode ser proprietário? É a questão que leva Rodrigo a investigar a elaboração do conceito de propriedade a partir do *Primeiro Tratado de Governo*, para concluir a sua análise com

PREFÁCIO

o *Segundo Tratado de Governo*. A hipótese considerada é a de que o conceito de propriedade serviu de elemento central para Locke elaborar as questões ligadas ao governo civil, à separação dos poderes e ao chamado direito de rebelião.

Se a obra de Locke se situa no liberalismo clássico do século XVII, por que ela merece ser reexaminada no século XXI? Afirmo que as grandes questões do século XXI ainda se apoiam na clássica questão posta por Locke: quem pode ser proprietário?

O estudo dos clássicos conduz a novas perguntas, mais que a novas respostas, e os problemas do século XXI conduzem à seguinte pergunta: quais bens podem ser apropriados? A relevância passa do sujeito para o objeto e leva a questionar se o que é comum pode ser apropriado.

A liberdade individual, defendida por Locke, não resolve o problema das desigualdades sociais, nem assegura a justiça das equivalências nas relações de troca[2]. Os valores[3] considerados superiores são desprezados frente às inovações tecnológicas[4], em função das mudanças culturais nas sociedades de massas.

Definir e conceituar o direito de propriedade é um desafio que se impõe aos juristas-filósofos[5], pois as grandes questões

---

2. Celso Lafer, "Liberdade e Igualdade: Reflexões sobre o Crescimento Econômico", *Ensaios sobre a Liberdade*, São Paulo, Perspectiva, 1980, pp. 123-141.

3. Elza Antonia Pereira Cunha Boiteux, "Educação e Valores Ambientais", *Revista da Faculdade de Direito*, 2008, vol. 103, pp. 517-530.

4. Hans Jonas, *Ética, Medicina e Técnica*, Lisboa, Passagens, 1994.

5. Carla Faralli, "Novas Fronteiras para a Filosofia do Direito", *A Filosofia Contemporânea do Direito – Temas e Desafios*, São Paulo, Martins Fontes, 2006; Celso Lafer, "O Paradigma da Filosofia do Direito", *A Reconstrução dos Direitos Humanos. Um Diálogo com o Pensamento de Hannah Arendt*, São Paulo, Companhia das Letras, 1988, cap. II, pp. 47-49.

LIBERALISMO E NATUREZA. A PROPRIEDADE EM JOHN LOCKE

do século XXI estão vinculadas a este conceito direta ou indiretamente. Cito alguns exemplos para a reflexão do leitor:

- Podemos falar em direito fundamental de propriedade? Como distingui-lo do direito de propriedade individual?
- É justo sobrepor o direito de propriedade intelectual[6] sobre fórmulas de medicamentos, ao direito fundamental à saúde?
- Os grandes proprietários de terras podem destruir variedades de plantas geneticamente valiosas? Podem diminuir a biodiversidade[7] de nosso país?
- É justo que o ser humano possa impedir o aproveitamento dos seus órgãos, após a sua morte? Em outras palavras, quem tem direito ao corpo pode impedir um transplante que salvaria muitas vidas?[8]
- É justo que proprietários do capital detenham sempre o poder supremo sobre as empresas? Qual a função social da propriedade?[9]

6. Maristela Basso, "Instrumentos Legais Não Explorados pelo Brasil para o Fomento da Concorrência e do Acesso a Medicamentos", *Direitos de Propriedade Intelectual & Saúde Pública – O Acesso Universal aos Medicamentos Antirretrovirais no Brasil*, São Paulo, IDCID, 2007; Tercio Sampaio Ferraz Jr., "A Reforma do Código Civil e a Propriedade Intelectual", em *Anais do XXIII Seminário Nacional da Propriedade Intelectual: O Redesenho dos Direitos Intelectuais no Contexto do Comércio Mundial*, Associação Brasileira da Propriedade Intelectual, 2003, pp. 115-117.

7. Aaron Bernstein & Eric Chivian, *Sustaining Life: How Human Health Depends on Biodiversity*, Oxford, Oxford University Press, 2008.

8. Hans Jonas, "A Clonagem", *Ética, Medicina e Técnica*, trad. Antonio Fernando Cascais, Lisboa, Vegas Passagens, 1994; *O Princípio da Responsabilidade: Ensaio de uma Ética para a Civilização Tecnológica*, trad. Marijane Lisboa e Luiz Barros Montez, Rio de Janeiro, Contraponto, EDPUC-Rio, 2006.

9. Fábio Konder Comparato, "A Função Social da Propriedade dos

PREFÁCIO

O conceito de propriedade ainda sustenta a lógica da acumulação no século XXI. Para repensá-lo, adequando-o ao principal direito fundamental – de existência da espécie humana – é necessário retornar às fontes clássicas, como demonstra o autor. Finalmente, entendo que a visão conjunta da filosofia política e da filosofia jurídica desenvolvida pelo jovem autor, não é uma alternativa para um capitalismo em crise, apenas, mas, principalmente, uma alternativa para uma democracia integral que assegure meios de vida, igualdade, solidariedade, busca da felicidade, idoneidade e bem comum[10]. Não preciso dizer mais. Convido-os à leitura.

ELZA ANTONIA PEREIRA CUNHA BOITEUX
Professora Doutora da Faculdade de Direito da USP

Bens de Produção", *Direito Empresarial*, São Paulo, Saraiva, 1990, pp. 29-37; "Direitos e Deveres Fundamentais em Matéria de Propriedade", em Alberto Amaral Júnior & Cláudia Perrone-Moisés (orgs.), *O Cinquentenário da Declaração Universal dos Direitos do Homem*, São Paulo, Editora da USP, 1999, pp. 377-384.

10. Mario Bunge, *Filosofia Política. Solidaridad: Cooperación y Democracia Integral*, Barcelona, Gedisa, 2009.

INTRODUÇÃO

É possível se ler uma obra de filosofia à luz de seu tempo, dos encontros e desencontros que a história apresenta ao texto que lhe é contemporâneo. A filosofia política não é exceção. Ainda mais se pensarmos que, em sua peculiaridade, todo texto de filosofia política exprime em algum grau uma certa tenção de intervenção[1], uma resposta de um pensador aos problemas próprios de um determinado contexto político específico. Por outro lado, a grande filosofia política não pode, e não quer, se esgotar apenas em uma leitura histórica que determine qual o seu lugar dentre os acontecimentos inscritos no tempo. Algumas obras ultrapassam as questões históricas determinadas que podem lhe ter dado origem e atingem o *status* de clássicas na medida em que universalizam problemas e respostas. Para estas obras, o esforço de contextualização, mesmo que científico, será sempre insuficiente para uma interpretação

---

1. Cf. Renato Janine Ribeiro, *Ao Leitor Sem Medo – Hobbes Escrevendo Contra o Seu Tempo*, Belo Horizonte, Editora UFMG, 2004, p. 341.

LIBERALISMO E NATUREZA. A PROPRIEDADE EM JOHN LOCKE

mais rigorosa que consiga captar a obra em questão em sua sistematicidade.

Uma interpretação filosófica de um texto filosófico deve sempre partir, nesse sentido, do texto, e não do contexto. O estudo de uma época, de suas tensões e contradições fundamentais pode ser essencial para a compreensão de um escrito filosófico, mas se adotado como ponto de partida metodológico, tende a produzir o mero enquadramento dos textos[2], ao invés de captar sua organicidade e alcance. Optamos, pois, nesse estudo sobre Locke, por um método analítico que procure reconstruir conceitualmente a teoria da propriedade nos textos políticos do autor, especialmente no *Segundo Tratado sobre o Governo*, e que consiga demonstrar a hipótese de que essa teoria é central para a operação dos argumentos políticos e jurídicos do filósofo.

A escolha metodológica parece-nos mais acertada se levarmos em conta o fato de que Locke publicou anonimamente seus principais textos – mais, escondia de propósito sua autoria –, não se preocupando, até certo momento de sua vida, com a ligação de seu nome aos textos que mais tarde o consagrariam. Seus escritos políticos não foram propriamente textos de intervenção. O *Segundo Tratado sobre o Governo*, seu escrito político de maior relevância, foi publicado em 1690, após o conturbado período inglês caracterizado como Revolução Gloriosa. Em nosso estudo sobre a propriedade em Locke, será útil sabermos que o período e o local em que o filósofo escreveu, na Inglaterra do século XVII, foram confusos politicamente, ou mais que isso, marcados pela desordem política[3]. Sob a pers-

---

2. *Idem*, p. 344.

3. Cf. Ross Harrison, *Hobbes, Locke, and Confusion's Masterpiece*, Cambridge, Cambridge University Press, 2003, p. 5.

INTRODUÇÃO

pectiva de inúmeras lutas pelo poder, os filósofos deste período tinham que lidar com a real e urgente questão de como e sob que fundamentos poderia existir a ordem. Em outras palavras, a realidade histórica exigia dos filósofos políticos uma resposta a respeito das bases e fins da sociedade civil. Porém nossa análise da propriedade a partir do direito e da filosofia política lockiana não será um esforço de interpretação baseado na história política do século XVII inglês[4].

Por outro lado, uma obra rica, como é o caso da de Locke, não é uma peça solitária no tempo. Muito se escreveu sobre ela, de modo que a fortuna crítica é, sem exagero, praticamente inesgotável. Pode-se dizer que existe uma história textual das interpretações da obra de Locke, uma extensa bibliografia. Esta história, a dos textos que são constantemente reinterpretados de acordo com a época e suas necessidades, não será desvalorizada. Como lembra Mikhail Bakhtin, em ciências humanas, o objeto de estudo é o texto, escrevemos textos sobre textos e é esse contínuo processo de interpretações que constitui o discurso das humanidades[5].

4. Em outras palavras, nossa escolha metodológica suprimirá a história das idas e vindas da vida política inglesa do século XVII para a compreensão da teoria da propriedade lockiana. Recomendamos para uma análise deste tipo o excelente trabalho de Richard Ashcraft, *Revolutionary Politics and Locke's "Two Treatises of Government"*, Princeton, Princeton University Press, 1967.

5. "Problema do texto nas ciências humanas. As ciências humanas não se referem a um objeto mudo ou a um fenômeno natural, referem-se ao homem em sua especificidade. O homem tem a especificidade de expressar-se sempre (falar), ou seja, de criar um texto (ainda que potencial). Quando o homem é estudado fora do texto e independentemente do texto, já não se trata de ciências humanas (mas de anatomia, de fisiologia humanas etc.)." (Mikhail Bakhtin, *Estética da Criação Verbal*, São Paulo, Martins Fontes, 1997, p. 334.)

LIBERALISMO E NATUREZA. A PROPRIEDADE EM JOHN LOCKE

Locke foi um filósofo do século XVII e, em muitos sentidos, ajudou a construir um projeto para a filosofia moderna. Esta filosofia será marcada pelo que podemos chamar de unidade da razão. A ideia central dessa filosofia é a de que toda forma de conhecimento, quer se refira à moral, à ciência ou à política, deve passar pelo crivo privilegiado e único da razão. A razão é o instrumento pelo qual todos os aspectos da organização humana devem ser medidos[6]. Este projeto de racionalidade é, ao mesmo tempo, teórico e prático, porque busca um saber e um fazer.

Claro que diferentes filósofos apontaram caminhos diversos para a consecução desse projeto que, no entanto, seria o fundamento moderno da sociedade ocidental.

Tomado como sistema mais oposto ao de Locke, no que diz respeito à teoria do conhecimento, o sistema cartesiano inaugura a filosofia moderna com seu idealismo. Locke, ao contrário, será o mais bem conhecido empirista de sua época. Para um empirista, o ponto de partida é a experiência, a chegada, a ideia. O empirista, dada a experiência, trabalha intelectualmente até chegar a um conceito. O intuito de valorizar-se a experiência (social e política) é chegar a entender, formular melhor, a maneira dos homens conhecerem e organizarem-se. Os melhores meios, tanto para uma teoria do conhecimento, quanto para uma política e uma moral, devem ser dados pela razão.

6. "No entanto, os modernos rejeitaram o conhecimento pela fé, e, por essa razão, a reflexão filosófica moderna se delineia de maneira inequívoca para explicações de tipo *racional*, sem lembrança da filosofia antiga ou medieval, conhecendo ou pelos métodos inatistas ou pela experiência, conforme a resposta empirista." (Alysson Leandro Mascaro, *Introdução à Filosofia do Direito – Dos Modernos aos Contemporâneos*, São Paulo, Atlas, 2006, p. 33.)

INTRODUÇÃO

Esse projeto de racionalidade é, ao mesmo tempo, o projeto de construção de um sujeito. Descartes vai trabalhar esse conceito até então pensado em outros moldes filosóficos e dará os contornos do sujeito cognoscente moderno. Locke transformará esse sujeito em indivíduo, essa figura que se caracterizará, em essência, em sua filosofia, conforme tentaremos demonstrar, pelo fato de ser proprietário.

Em Locke, dois elementos gerais têm que ser levados em conta para se compreender sua filosofia: o racionalismo e o liberalismo. O primeiro, como vimos, compõe um projeto moderno de filosofia. Nesse caso, o filósofo tem que escapar de dois extremos: a derivação de todo poder da vontade divina e do relativismo histórico. Neste sentido, cabe perguntar qual o lugar da metafísica em Locke, para se situar melhor suas considerações políticas. O problema, no primeiro dos casos, é que não se poderia extrair tudo da razão, porque, no limite, o fundamento último seria a revelação. É esse o plano em que se dará o debate de Locke com Filmer. No segundo caso, para Locke, o relativismo não pode ser considerado um fundamento, porque tudo se transformaria em contingente, nenhum valor prevaleceria. E é claro que Locke quer garantir a universalidade e a legitimidade de alguns valores, sobretudo o da propriedade. Assim, para se situar acima da transcendência e do relativismo histórico, o filósofo deve achar um substituto (fundamento) natural e laico para justificar seus argumentos: a razão.

O segundo elemento geral da filosofia lockiana é o liberalismo. Não se compreende a filosofia política e moral do autor fora deste registro. Locke é um dos principais fundadores do liberalismo, e tentará justificá-lo lógica e eticamente, sempre à luz de um projeto racional. Neste sentido, é preciso apontar para um dos alicerces do ideário liberal, a saber: o individua-

LIBERALISMO E NATUREZA. A PROPRIEDADE EM JOHN LOCKE

lismo[7]. A primazia do indivíduo, uma ideia que se inicia no particular, significará, ali, nas origens do pensamento liberal, uma concepção que parte primeiro do indivíduo para depois se chegar à sociedade. A teoria moderna não partirá da pólis como comunidade de homens livres, mas partirá do indivíduo como portador de direitos anteriores à sua sociabilidade. A comunidade, no sentido moderno, não é mais a congregação dos que estão dedicados ao bem comum, mas, ao contrário, dos que estão em busca de seus próprios interesses[8]. Deste modo, não é mais a comunidade, como concebia o pensamento clássico, mas o indivíduo isolado que passa a ser o eixo fundante de toda a reflexão moderna[9]. Indivíduo é uma condição natural, dada pelo direito natural, e a sociedade, como uma convenção, não pode ultrapassar estes direitos naturais do indivíduo. A propriedade aparece no centro gravitacional destes direitos, podendo, no limite, todos estes serem reduzidos a ela. A conjunção dos conceitos de indivíduo e de propriedade no estado de natureza lockiano comporá a essência e fundamento de sua filosofia política liberal.

A ideia de justiça, em Locke, portanto, será também sempre marcada por sua posição liberal. O que significa dizer que

7. "O mundo moderno, como se sabe, configurou-se a partir de uma concepção individualista da sociedade e da história." (Celso Lafer, *Ensaios Liberais*, São Paulo, Siciliano, 1991, p. 82.)

8. "O que Aristóteles chamara de natureza humana, a natureza social do homem, o *zoon politikon*, os modernos inverterão, dizendo que, na verdade, a natureza humana é individual e a sociedade surge por *contrato*, ou seja, por mera deliberação de vontade, sendo, nesse caso, a vida social é um acidente, e não necessária. A filosofia moderna erigirá como base natural e necessária do homem, sua natureza individual." (Mascaro, *op. cit.*, p. 33.)

9. Paulo César Nodari, *A Emergência do Individualismo Moderno no Pensamento de John Locke*, Porto Alegre, Edipucrs, 1999, p. 12.

INTRODUÇÃO

nunca uma propriedade pode ser pensada como um problema para a justiça, pois a própria desigualdade material não é pensada como injustiça pelo autor. Ela é legitimada por um princípio racional e natural. A ideia de igualdade, que Locke também defende no estado de natureza, obrigará o filósofo a uma verdadeira ginástica intelectual para justificar a desigualdade econômica. O registro liberal fará com que Locke construa uma teoria em que o direito natural tenha uma prevalência sobre o direito positivo, uma construção que posteriormente, na história da filosofia do direito, será invertida pelas próprias necessidades burguesas. O Estado, desta maneira, aparece limitado em suas origens. Uma garantia jurídica suplementar aos direitos naturais – sobretudo à propriedade –, um reforço ao que já estava garantido naturalmente.

~•~

Locke escreveu sobre diversos assuntos (religião, política, teoria do conhecimento, educação, economia, moral e direito). Além disso, cada período histórico ou corrente filosófica teve o seu Locke. A leitura de Locke pelos ideólogos da Declaração de Independência dos EUA ou pelos filósofos iluministas é certamente diferente da leitura da obra de Locke feita pelos marxistas. Isso a ponto de Peter Laslett afirmar categoricamente:

Na verdade, é claro, Locke não era "socialista" nem "capitalista", embora seja fascinante encontrar elementos de ambas estas atitudes nossas em sua doutrina da propriedade – mais ainda, talvez, no que ele deixou de fora ou simplesmente deixou de tratar em suas afirmações[10].

10. Peter Laslett, "Introdução", *Dois Tratados sobre o Governo*, São Paulo, Martins Fontes, 2001, p. 155.

A afirmação, por demais taxativa do comentador, talvez tenha menos a função de denunciar a leitura ideológica da obra de Locke, do que de desculpar o filósofo a ser estudado de suas contradições e posições controversas. Muito se escreveu sobre sua teoria da propriedade e não é de todo incorreto dizer que as interpretações deste conceito serviram aos mais variados propósitos políticos, mesmo nos tempos atuais.

Apesar do capítulo sobre a propriedade ser um dos mais famosos da teoria política lockiana, não é fácil compreender por que ele faz parte do *Segundo Tratado*. Todo o livro diz respeito ou sobre as bases pelas quais uma obrigação de obedecer a um Estado é justificada, ou sobre as circunstâncias em que a rebelião pode ser permitida. Nossa hipótese de trabalho, no entanto, é a de que o interessante, nesse sentido, é que ele consegue, através de um mesmo conceito, legitimar a existência do Estado e, portanto, a obrigatoriedade de se seguir suas leis ao mesmo tempo em que advoga uma doutrina da rebelião, em que o governo perde a legitimidade. Este conceito é o de propriedade. No entanto, para poder demonstrar essa hipótese, devemos, antes de tudo, traçar a arquitetura do conceito de propriedade do filósofo, para depois verificar como ele opera na filosofia do autor. Destacamos, porém, que não é incomum que os comentadores da obra de Locke discutam o argumento da propriedade de maneira mais ou menos isolada do corpo do resto do texto[11]. Tentaremos, no entanto, demonstrar como o capítulo sobre a propriedade é essencial para o desenvolvimento dos argumentos do *Segundo Tratado*; e mais, como ele é central para a compreensão de toda filosofia política de Locke, seja quando o filósofo defende a construção da ordem (gover-

11. *Idem*, pp. 89-90.

INTRODUÇÃO

no civil), quando advoga pela revolução ou mesmo pela tolerância. Procuraremos mostrar de que maneira a propriedade pode ser o que sustenta o poder político e suas instituições e, ao mesmo tempo, ser o que justifica a própria ideia de rebelião contra esse poder.

~•~

Dividimos nosso texto em cinco capítulos. O primeiro capítulo tem como função delimitar o uso da palavra propriedade por Locke. Tal tarefa é necessária, na medida em que Locke não utiliza o termo propriedade de uma maneira unívoca ou técnica, e isto deve ser esclarecido logo de início para evitar futuras confusões.

O segundo capítulo visa investigar como a propriedade é pensada no *Primeiro Tratado sobre o Governo* de Locke. Apesar de não ser o tema principal deste *Tratado*[12], achamos que seria interessante acompanhar como o filósofo conduz este tema e como algumas posições sobre a propriedade indicadas no *Primeiro Tratado* são posteriormente reformuladas ou deixadas de lado para a concepção de propriedade do *Segundo Tratado*.

O terceiro capítulo, "A Teoria da Propriedade no *Segundo Tratado sobre o Governo*", tentará demonstrar toda a argumentação lockiana para a justificativa da propriedade privada como um direito natural. Esta seção explorará desde o estado de natureza lockiano, em que a propriedade é adquirida, até os conceitos de trabalho, justiça e dinheiro. É nessa seção que faremos uma análise minuciosa do famoso capítulo V do *Segundo Tratado*, aquele que se refere mais diretamente à propriedade.

---

12. O tema mais imediato deste tratado é a refutação feita por Locke da tradição do modelo familiar como justificação para o exercício do poder.

31

O quarto capítulo será dedicado a nossa defesa da hipótese de que o conceito de propriedade é central para os demais capítulos do *Segundo Tratado*. Tentaremos demonstrar como este conceito está na origem do governo civil, é essencial para a teoria da separação entre os poderes e dá fundamento ao direito de rebelião.

O quinto capítulo tem por intuito mostrar a ligação entre propriedade e tolerância na filosofia política de Locke. Sua base é um outro texto político do filósofo, a *Carta sobre a Tolerância*. Nessa seção procuraremos explicitar a separação entre o poder religioso e o poder político, algo que será de extrema importância para a construção de um Estado liberal.

Por fim, em "Liberalismo e Natureza. A Ilusão da Democracia e da Igualdade" defendemos que o Estado liberal acaba por mascarar as desigualdades de fato ao afirmar a universalidade dos direitos civis. Isso aponta para os limites do liberalismo clássico, ou seja, de que maneira o discurso democrático e igualitário do liberalismo opera apenas formalmente e não materialmente. Em outras palavras, acreditamos que Locke, nos primórdios do liberalismo, já tecia uma teoria que ao naturalizar a propriedade privada tornava impossível a igualdade efetiva entre os homens.

SISTEMA DE CITAÇÕES

1TG   *Primeiro Tratado sobre o Governo (First Treatise: The False Principles and Foundation of Sir Robert Filmer, And His Followers, are Detected and Overthrown.* As citações são dadas como *1TG* e um número que corresponde ao parágrafo a que nos referimos: por exemplo, *1TG*, §10).

2TG   *Segundo Tratado sobre o Governo (Second Treatise: Essay Concerning The True Original, Extent, and End of Civil-Government.* As citações são dadas como *2TG* e um número que corresponde ao parágrafo a que nos referimos: por exemplo, *2TG*, §123).

Letter   *Carta sobre a Tolerância (A Letter Concerning Toleration,* editada e introduzida por James Tully. A citação da página corresponde a esta edição que consta na bibliografia).

Carolina   *Constituições Fundamentais da Carolina (Fundamental Constitutions of Carolina.* A localização da referência é dada pelo artigo correspondente: por exemplo, *Carolina*, XXX).

LIBERALISMO E NATUREZA. A PROPRIEDADE EM JOHN LOCKE

Essay   *Ensaio sobre o Entendimento Humano* (*An Essay Concerning Humam Understanding*. A localização da referência e as citações são dadas em algarismos arábicos: por exemplo, 4.3.6 representa, Livro 4, capítulo 3, seção 6).

Essays   *Ensaios sobre a Lei da Natureza e Outros Escritos* (*Essays on the Law of Nature and Associated Writings*. As citações são dadas pelo número do ensaio e a página que corresponde à edição que consta na bibliografia).

Education Pensamentos sobre a Educação (*Some Thoughts Concerning Education*. As citações são dadas como *Education* e um número que corresponde ao parágrafo a que nos referimos: por exemplo, *Education*, §110).

1. DEFINIÇÕES DA PALAVRA PROPRIEDADE

Talvez o primeiro problema a ser discutido sobre o tema da propriedade em Locke seja justamente a sua definição. Locke não utiliza a palavra propriedade de maneira unívoca. Primeiramente, porque utiliza palavras correlatas a *property* como *possession, ownership, one's own, right, civil interests, exclusive rights in lands* and *Estate*[1] sem precisar exatamente seus significados jurídicos. Segundo, porque estabelece textualmente dois sentidos diferentes para a palavra propriedade. Isso levou muitos comentadores a destacar o caráter ambíguo de uma dupla definição de propriedade em sua obra[2].

---

1. James Tully, *A Discourse on Property: John Locke and his Adversaries*, Cambridge, Cambridge University Press, 1980, pp. 113-115. Além dessa referência, em outra obra do mesmo autor: "He uses 'property', 'exclusive rights in land', 'state' and 'possessions' as synonyms for private property in land". (James Tully, *An Approach to Political Philosophy: Locke in Contexts*, Cambridge, Cambride University Press, 1993, p. 120.)

2. Neste sentido: Laslett, *op. cit.*, p. 149; C. B. Macpherson, *A Teoria Política do Individualismo Possessivo – de Hobbes a Locke*, Rio de Janeiro,

Em um primeiro sentido, propriedade significa a possibilidade de possuir materialmente alguma coisa, algum objeto móvel ou imóvel. Este sentido é o que mais se aproxima das concepções de propriedade modernas. Em um segundo sentido, porém, propriedade significará para Locke "a vida, a liberdade e as posses materiais". Tanto Laslett, quanto Gough e Macpherson – autores que têm diferentes interpretações sobre o conceito de propriedade em Locke – concordam em dizer que, no capítulo sobre propriedade do *Segundo Tratado*, Locke estaria utilizando o conceito de propriedade em seu sentido mais estrito, o de bens materiais, e não em seu sentido mais amplo definido pelo próprio filósofo que, no limite, englobaria todos os direitos naturais. Locke já havia proposto este sentido mais abrangente de propriedade em sua *Carta sobre a Tolerância*:

Parece-me que a comunidade é uma sociedade de homens constituída apenas para a preservação e melhoria dos *bens civis* de seus membros. Denomino de *bens civis* a vida, a liberdade, a saúde física e a libertação da dor, e a posse de coisas externas, tais como terras, dinheiro, móveis etc.[3]

O parágrafo 123 do *Segundo Tratado* é ainda mais taxativo ao definir um conceito de propriedade lata: "E não é sem razão

---

Paz e Terra, 1979, p. 209; John Dunn, *Locke*, São Paulo, Edições Loyola, 2003, p. 60; Edgar José Jorge Filho, *Moral e História em John Locke*, São Paulo, Loyola, 1992, p. 77; J. W. Gough, *John Locke's Political Philosophy – Eight Studies*, Oxford, Clarendon Press, 1973, p. 77.

3. "The Commonwealth seems to me to be a Society of Men constituted only for the procuring, preserving, and advancing of their own *Civil Interests. Civil Interests.* I call Life, Liberty, Health, and Indolency of Body; and the Possession of outward things, such as Money, Lands, Houses, Furniture, and the like." (Locke, *Letter*, p. 26.)

DEFINIÇÕES DA PALAVRA PROPRIEDADE

que ele procura e almeja unir-se em sociedade com outros que já se encontram reunidos ou projetam unir-se para a mútua *conservação* de suas vidas, liberdades e bens, aos quais atribuo o termo genérico de *propriedade*"[4].

Assim, no discurso lockiano, a palavra propriedade tem ora um sentido restrito, designando o direito particular sobre as coisas, ora um sentido mais amplo, significando todos os direitos naturais por excelência. Propriedade, em seu vocabulário, era o termo principal para se referir às titularidades humanas[5].

No entanto, para se saber a natureza ou o sucesso de um argumento sobre a propriedade privada, seja de Locke ou de algum outro filósofo, é indispensável se ter uma ideia justamente do que a propriedade é. Desde que a propriedade privada representa apenas uma das formas possíveis de propriedade, seria interessante começar por destacar as características mais comumente aceitas deste regime, o que vai nos levar a distingui-la das outras formas possíveis, como a propriedade comunal.

O direito à propriedade privada individual, nos termos em que hoje a concebemos, pode ser entendido normalmente como o direito às seguintes coisas[6]:

- um indivíduo tem o direito de possuir e controlar algum objeto e, assim, excluir outras pessoas da posse ou controle deste objeto sem o seu consentimento (Controle exclusivo);
- um indivíduo tem o direito de se beneficiar dos produtos

---

4. "And 'tis not without reason, that he seeks out, and is willing to joyn in Society with others who are already united, or have a mind to unite for the mutual *Preservation* of their Lives, Liberties and Estates, which I call by the general Name, *Property*." (Locke, *2TG*, §123.)

5. Dunn, *op. cit.*, p. 59.

6. D. A. Lloyd Thomas, *Locke on Government*, London, Routledge, 1995, p. 57.

de algum objeto, por exemplo, renda, prazer ou uso (Benefícios);

- um indivíduo tem o direito de consumir, desperdiçar, modificar ou destruir um objeto de acordo com sua exclusiva vontade (Consumo);
- um indivíduo tem o direito de alienar o objeto, de dar, de trocar com outro indivíduo (Alienação).

Locke reconheceria plenamente os dois primeiros direitos (controle exclusivo e benefícios), até porque estava interessado em provar como a propriedade pode ter surgido sem o necessário consentimento dos outros indivíduos. Porém no que diz respeito ao terceiro direito, que reconheceríamos como inerente ao direito de propriedade, Locke negaria que os possuidores tivessem o direito de destruir e desperdiçar o objeto, o que para ele seria irracional e contrário ao direito de natureza[7]. Quanto ao quarto direito, somente com a invenção do dinheiro, um estágio mais avançado do estado de natureza, é que a possibilidade de alienação seria contemplada.

James Tully, por exemplo, define propriedade privada como o direito de excluir outros de algum objeto (o que significa dizer que não pode ser tirado sem consentimento) mais o direito de usar, abusar ou não usar, e alienar o objeto, e isso sem qualquer obrigatoriedade social[8]. De acordo com esse autor, a definição de propriedade de Locke não especifica que grau de controle alguém tem sobre o objeto, exceto que ele não pode ser retirado sem consentimento, e isso é verdade para qualquer direito[9].

---

7. "Nothing was made by God for Man to spoil or destroy." (Locke, *2TG*, §31.)

8. James Tully, *An Approach to Political Philosophy: Locke in Contexts*, Cambridge, Cambride University Press, 1993, p. 120.

9. *Idem*, p. 121.

DEFINIÇÕES DA PALAVRA PROPRIEDADE

Macpherson, por seu turno, considera a dupla significação de propriedade em Locke como uma mera confusão: "Sua confusão sobre a definição de propriedade, às vezes incluindo vida e liberdade, outras vezes não, pode ser atribuída à confusão em seu raciocínio, entre os resíduos dos valores tradicionais e os novos valores burgueses"[10].

A interpretação de propriedade em seu sentido mais amplo, que Locke destaca em diversos momentos do texto do *Segundo Tratado*, parece englobar todos os direitos naturais do indivíduo. Isto a ponto dele declarar: "O *fim maior* e principal para os homens unirem-se em sociedades políticas e submeterem-se a um governo é, portanto, a *conservação de sua propriedade*"[11]. Segundo Laslett, não há porque duvidar de que Locke estivesse utilizando esse conceito amplificado de propriedade no resto do livro (com exceção do capítulo V)[12].

Desta maneira, a definição que Locke dá de poder político como "o direito de editar leis com pena de morte e, consequentemente, todas as penas menores, com vistas a regular e a preservar a propriedade, e de empregar a força do Estado na execução de tais leis e na defesa da sociedade política contra danos externos, observando tão somente o bem público"[13], deve ser

10. Macpherson, *op. cit.*, p. 232.

11. "The great and *chief end* therefore, of Mens uniting into Commonwealths, and putting themselves under Government, *is the Preservation of their Property*." (Locke, *2TG*, §124.)

12. Laslett, *op. cit.*, p. 149.

13. "*Political Power* then I take to be *a Right* of making Laws with Penalties of Death, and consequently all less Penalties, for the Regulating and Preserving of Property, and of employing the force of the Community, in the Execution of such Laws, and in the defence of the Commonwealth from Foreign Injury, and all this only for the Publick Good." (Locke, *2TG*, §3.)

entendida a partir da ideia de uma definição de propriedade que abarque todos os direitos naturais do homem. Esta definição de poder político situa um poder interno como defesa da propriedade lata e um poder externo como defesa do Estado.

Assim, tanto o poder quanto a finalidade do poder já estão previamente limitados a uma concepção de propriedade muito específica na obra de Locke. Uma concepção lata que já poderia ser encontrada em Grócio[14], mas que somente com o texto de Locke ganhou notoriedade.

14. "É fácil entender que não seria assim, mesmo que o direito que ora chamamos 'propriedade' não tivesse sido criado, pois a vida, o corpo, a liberdade teriam sido sempre bens próprios de cada um, contra os quais não se poderia atentar sem injustiça." (Hugo Grócio, *O Direito da Guerra e da Paz*, Ijuí, Editora Ijuí, 2004, p. 103.)

2. A PROPRIEDADE NO *PRIMEIRO TRATADO SOBRE O GOVERNO*

> *Deus o põe a trabalhar por seu sustento e mais parece haver colocado em suas mãos, para dominar a Terra, uma pá do que um cetro para governar seus habitantes*[1].
>
> John Locke
> *Primeiro Tratado Sobre o Governo*, §45.

Antes de analisarmos o capítulo V do *Segundo Tratado sobre o Governo*, aquele em que Locke expõe diretamente sua teoria da propriedade, e de estabelecer as relações entre esse capítulo e o restante do livro, seria interessante investigarmos como Locke trata a questão da propriedade no *Primeiro Tratado sobre o Governo*. Para isso, devemos reconstruir a contra-argumentação lockiana de Filmer e perceber de que maneira a argumentação contra o governo por direito divino acaba por delinear alguns

---

1. "God sets him to work for his living, and seems rather to give him a Spade into his hand, to subdue the Earth, than a Scepter to Rule over its Inhabitants."

LIBERALISMO E NATUREZA. A PROPRIEDADE EM JOHN LOCKE

pressupostos da teoria da propriedade lockiana que serão ora explicitados no *Segundo Tratado*, ora deixados de lado.

O *Primeiro Tratado* é um texto inteiramente dedicado ao combate às ideias de Sir Robert Filmer, que havia publicado um livro de razoável repercussão em 1680, intitulado *Patriarcha or the Natural Power of Kings*. Nessa obra, Filmer defende uma forma monárquica e absolutista de governo baseada na descendência de Adão, que teria recebido de Deus uma doação positiva para governar. Em sua argumentação, repleta de argumentos tirados da Bíblia, Filmer compara o pai de família ao governante de um país e sustenta que existiria uma monarquia legítima, advinda diretamente dos herdeiros de Adão. Locke contestou os diversos argumentos de Filmer, utilizando--se das mesmas armas – a interpretação das Escrituras –, e acabou demonstrando que Filmer atribuía significados vazios e até mesmo distorcia certas passagens da Bíblia com o intuito de justificar sua posição absolutista e autoritária. O *Primeiro Tratado* de Locke começa justamente por dizer que, se fossem verdades as proposições defendidas por Filmer, todos os homens não passariam de escravos. Nesse sentido, Locke escreve: "A escravidão é uma condição humana tão vil e deplorável, tão diametralmente oposta ao temperamento generoso e à coragem de nossa Nação, que é difícil conceber que um *inglês*, muito menos um *fidalgo*, tomasse a sua defesa"[2].

O sistema de Filmer, segundo Locke, obedece às seguintes afirmações: *1.* Todo governo é uma monarquia absoluta; *2.* Nenhum homem nasce livre (fundamento do sistema).

---

2. "Slavery is so vile and miserable an Estate of Man, and so directly opposite to the generous Temper and Courage of our Nation; that 'tis hardly to be conceived, that an *Englishman*, much less a *Gentleman*, should plead for't." (Locke, *1TG*, §1.)

A grande tese de Filmer, segundo Locke, é a de que os homens não são livres por natureza. Se esse alicerce cai por terra, toda a argumentação também ruirá, e os governos poderão ser entendidos como formados pelo artifício e consentimento dos homens, usando de sua razão para se unirem em sociedade. Filmer defende que a paternidade foi outorgada pela primeira vez a Adão e que pertence, por direito, a todos os príncipes desde então.

Portanto, tal *autoridade paterna* ou *direito de paternidade*, na acepção de nosso A., é um inalterável direito divino de soberania, mediante o qual um pai ou um príncipe detém um poder absoluto, arbitrário, ilimitado e ilimitável sobre as vidas, liberdades e propriedades de seus filhos e súditos [...][3].

Locke ressalta que a passagem bíblica de que Filmer retira a precedência de Adão (honrar o pai) tem uma continuação completamente ignorada pelo autor (honrar a mãe). De modo que, se seguíssemos o argumento de Filmer, o mesmo respeito dado aos reis deveria ser dado às rainhas.

Segundo Filmer, Adão, por uma doação de Deus, tornou-se proprietário de todo o mundo, fazendo-se, portanto, monarca de todo mundo, tendo o domínio sobre seus descendentes. Locke, em uma interpretação bíblica, destaca que em nenhum lugar está escrito que Adão teve domínio sobre os mesmos homens de sua espécie, mas somente teve domínio sobre os animais. O homem foi criado após a criação dos animais.

---

3. "This *Fatherly Authority* then, or *Right of Fatherhood*, in our A.'s sence is a Divine unalterable Right of Sovereignty, whereby a Father or a Prince hath an Absolute, Arbitrary, Unlimited, and Unlimitable Power, over the Lives, Liberties, and Estates of his Children and Subjects [...]" (Locke, *1TG*, §9.)

O que quer que Deus tenha outorgado através das palavras dessa concessão (Gn 1, 28), não o outorgou para *Adão* em particular, à exclusão de todos os demais homens: Qualquer que tenha sido o *domínio* que lhe outorgou mediante tal concessão, não se tratava de um *domínio privado*, mas um domínio comum com o restante da humanidade[4].

Ademais, como explicar que o domínio restringir-se-ia a Adão? E Eva? Seja como for, porém, não se pode negar à mãe uma parcela igual na geração do filho, de modo que daí não se pode derivar a autoridade absoluta do pai[5]. Filmer extrai do mandamento "honra a teu pai" uma justificativa para a monarquia absoluta – esquecendo-se de que a continuação do mandamento é "e tua mãe". Locke nega significado político a este quinto mandamento. Porém,

[...] Se, por conseguinte, o mandamento *Honra a teu pai e tua mãe* se refere ao domínio político, lança-se frontalmente por terra a monarquia de nosso A., uma vez que, devendo ser cumprido por todo filho para com seu pai, inclusive na sociedade, todo pai deve necessariamente ter um domínio político e haverá tantos soberanos quantos pais existirem. Além disso, também a mãe teria seu direito, o que destrói a soberania de um monarca supremo e único[6].

4. "Whatever God gave by the words of this Grant, I *Gen.* 28. it was not to *Adam* in particular, exclusive of all other Men: whatever *Dominion* he had thereby, it was not a *Private Dominion*, but a Dominion in commom with the rest of Mankind." (Locke, *1TG*, §29.)

5. "[...] But be that as it will, the Mother cannot be denied an equal share in begetting of the Child, and so the Absolute Authority of the Father will not arise from hence." (Locke, *1TG*, §55.)

6. "If therefore this Command, *Honour thy Father and Mother*, concern Political Dominion, it directly overthrows our A.'s Monarchy; since it being to be paid by every Child to his Father, even in Society, every Father

A ideia de que Adão não possuía domínio absoluto sobre a humanidade nem sobre a terra e suas propriedades leva Locke a argumentar, no *Primeiro Tratado*, que o domínio sobre as coisas era "comum com o restante da comunidade". Assim, sobre a quantidade de terra disponível, por exemplo, Locke diz que:

> Deus concede o direito a seus filhos de fazer uso de uma parte da terra para seu sustento e de suas famílias – tendo em vista que o conjunto excedia não apenas o que *Noé* poderia utilizar, mas excedia infinitamente o que poderiam utilizar todos, e as posses de um em nada poderiam prejudicar ou restringir as do outro[7].

Em outra passagem sobre o tema da propriedade, Locke vai afirmar que a liberdade sobre as criaturas nada mais é do que a "liberdade para fazer uso delas". Esta liberdade é concedida por Deus, de modo que a propriedade do homem pode ser alterada e ampliada, como percebemos neste caso, após o dilúvio, em que foram autorizados outros usos das criaturas até então interditos[8].

Esse caráter comunal da propriedade fica ainda mais claro quando Locke afirma que o texto de Filmer está tão longe

---

must necessarily have Political Dominion and there will be as many Sovereigns as there are Fathers: besides that Mother too hath her Title, which destroys the Sovereignty of one Supream Monarch." (Locke, *1TG*, §65.)

7. "[...] God gave his Sons a Right to make use os a part of the Earth for the support of themselves and Families, when the whole was not only more then *Noah* himself, but infinitely more than they all could make use of, and the Possessions of one could not at all Prejudice, or as to any use streighten that of the other." (Locke, *1TG*, §37.)

8. "[...] Mans Propriety in the Creatures is nothing but that *Liberty to use them*, which God has permitted, and so Man's property may be altered and enlarged, as we see it was here, after the Flood, when other uses of them are allowed, which before were not." (Locke, *1TG*, §39.)

de provar que Adão tenha sido proprietário único que, pelo contrário, é uma confirmação da comunidade original de tudo quanto há entre os filhos dos homens. Esta comunidade original, surgida da doação de Deus que pode ser comprovada pelas Escrituras, lança por terra a soberania de Adão, edificada sobre um *domínio privado*, destituído que está de todo e qualquer alicerce para sustentá-lo[9].

Por conseguinte, homem algum jamais poderia dispor de um justo poder sobre a vida de outrem por direito de propriedade sobre a terra ou outros bens, dado que sempre seria um pecado, para qualquer homem de posses, deixar perecer seu irmão ao não se valer de sua abundância para aliviar a condição dele[10].

Ainda que Deus houvesse dado um *domínio privado* a Adão, ou seja, um direito de propriedade sobre toda a natureza, isso não seria suficiente para lhe conferir soberania, pois ao mesmo tempo, Deus teria dado à espécie humana as condições de sua sobrevivência. Neste caso, a espécie é anteposta ao indivíduo Adão, e é consagrada uma primeira regra que, posteriormente, no *Segundo Tratado*, será deixada de lado: a primazia da preservação da espécie. No *Segundo Tratado*, tal princípio receberá

---

9. "To conclude, this Text is so far from proving *Adam* Original Proprietor, that on the contrary, it is a Confirmation of the Original Community of all things amongst the Sons of Men, which appearing from this Donation of God, as well as other places of Scripture; the Soveraignty of *Adam*, built upon his *Private Dominion*, must fall, not having any Foudation to support it." (Locke, *1TG*, §40.)

10. "And therefore no Man could have a just Power over the Life of another, by Right of property in Land or Possessions; since twould always be a Sin in any Man of Estate, to let his Brother perish for want of affording him Relief out of his Plenty." (Locke, *1TG*, §42.)

uma restrição: deve-se preservar primeiro a espécie *desde que a sua própria preservação não esteja em jogo*, caso em que é válido ao indivíduo sobrepor-se à espécie.

No que diz respeito à monarquia por herança de Adão, não basta, segundo Locke, convencer as pessoas de que são súditas, é preciso também estabelecer a quem pertence o régio poder de direito. Em outras palavras, é preciso saber a quem se deve obedecer. Assim, precisamos saber duas coisas: *1*. Se o poder de Adão foi transmitido a seus descendentes e assim sucessivamente; e *2*. Se os príncipes atuais, através de uma forma lícita de transmissão, estão de posse desse poder de Adão.

Filmer destaca que é a herança (paternidade e propriedade) que consiste no meio lícito de transmissão do poder.

Para Locke, se foi uma doação divina o que outorgou propriedade a Adão, esse direito não passaria a seus filhos, deveria sim retornar às mãos de Deus. Porém, segundo Locke, todo homem tinha direito às criaturas, pelo mesmo título que tinha Adão, ou seja, pelo direito facultado a cada um de prover à própria subsistência e de cuidar dela – portanto os homens tinham um direito em comum, e os filhos de Adão um direito em comum com ele[11].

Discutindo o direito de herança, Locke perguntará: por que se transmitem os bens por herança? Por que, simplesmente, eles não passam ao patrimônio comum da humanidade, ou seja, tornam-se coletivos? "Deus também implantou no homem um forte desejo de propagar sua espécie e perpetuar-se em sua descendência, o que confere aos filhos o direito de

---

11. "Every Man had a right to the Creatures, by the same Title *Adam* had, *viz.* by the right every one had to take care of, and provide for their Subsistence: and thus Men had a right in common, *Adams* Children in common with him." (Locke, *1TG*, §87.)

participar da *propriedade* de seus pais e o direito de herdar suas posses"[12].

Locke destaca, nesta passagem, que o direito de herança é um direito natural.

[...] ainda que os pais mortos nada tenham declarado, em palavras expressas, com respeito a essa questão, a natureza determina a transmissão de suas propriedades aos filhos, que passam a dispor, dessa forma, de um título e um direito natural à herança dos bens dos seus pais que o resto da humanidade não pode almejar[13].

No que diz respeito à transmissão de poder, Locke perguntar-se-á: "Por que, então, a lei da natureza confere aos pais, por haverem *gerado*, o pátrio poder sobre os filhos e a mesma lei de natureza confere ao herdeiro, que não os *gerou*, o mesmo pátrio poder sobre seus irmãos?"[14] Assim, Locke entenderá que a propriedade divide-se por herança, enquanto o pátrio poder não pode logicamente ser passado de um pai para um único filho.

O pai não tem direito de vida e de morte sobre seus filhos, pelo contrário, é comum observar-se que o pai faz de tudo,

12. "But next to this, God Planted in Men a strong desire also of propagating their Kind, and continuing themselves in their Posterity, and this gives Children a Title, to share in the *Property* of their Parents, and a Right to Inherit their Possessions." (Locke, *1TG*, §88.)

13. "[...] though the dying Parents, by express Words, declare nothing about them, nature appoints the descent of their Property to their Children, who thus come to have a Title, and natural Right of Inheritance to their Fathers Goods, which the rest of Mankind cannot pretend to." (Locke, *1TG*, §89.)

14. "Why then the Law of Nature gives Fathers Paternal power over their Children, because they did *beget* them, and the same Law of Nature gives the same Paternal Power to the Heir over his Brethren, who did not *beget them* [...]" (Locke, *1TG*, §101.)

A PROPRIEDADE NO *PRIMEIRO TRATADO SOBRE O GOVERNO*

mesmo o que envolve o seu próprio sacrifício, para a conservação destes, destaca Locke. Como Locke tem por intuito separar o poder político do poder paterno, principalmente para contestar o poder absoluto dos monarcas; isso, no limite, por si só já seria um motivo para a inviabilidade da confusão entre estes dois poderes.

Locke questiona o fato de Adão ter poder ilimitado por ser avô do povo. Critica também a posição de Filmer de que a paternidade é fonte de toda autoridade régia. Adão tem autoridade sobre Eva, de modo que toda autoridade não pode, sob o risco de contradição, basear-se apenas na paternidade.

Locke destaca que os fundamentos em que se firmam com mais força, aqueles com base nos quais julgam poder derivar com mais eficácia o poder monárquico dos príncipes futuros, são dois, quais sejam: a *paternidade* e a *propriedade*[15]. Filmer alega que os fundamentos e princípios do governo dependem necessariamente da origem da propriedade. Locke contesta-o, afirmando que o direito de herança bem poderia ser entendido como fonte de poder – para isso teríamos que pensar na primogenitura – porém o domínio natural (paternidade) dificilmente poderia originar o poder na medida em que o irmão de um homem seria o governante. A soberania fundada na propriedade dividir-se-ia da soberania fundada na paternidade. Qual delas deveria ter precedência?

Além disso, Filmer é completamente contraditório quando trata da questão da transmissão do soberano poder monárquico de Adão. Alega que as formas de transmissão do poder seriam a herança, a concessão e a usurpação. Nesse caso, não

---

15. "The Foundations which he lays the chief stress on, as those from which he thinks he may best derive Monarchical Power to future Princes, are two, *viz. Fatherhood and Property.*" (Locke, *1TG*, §73.)

LIBERALISMO E NATUREZA. A PROPRIEDADE EM JOHN LOCKE

importa o caminho pelo qual um homem chega a ser rei, o que o legitima é seu poder supremo, e não os meios pelos quais ele obteve sua coroa.

No entanto Filmer, ao mesmo tempo, sustenta que existiria um verdadeiro e único herdeiro do poder monárquico de Adão. Esse, perante os demais homens, seria o verdadeiro monarca a quem até mesmo os outros reis deveriam ter submissão. Isso, no limite, porque os homens dividem-se necessariamente entre reis ou súditos. A atribuição do poder se dá por instituição divina. Para Filmer, os direitos dos governantes são um dom especial de Deus. Devem ser compreendidos essencialmente como direitos de propriedade, tanto sobre os seres humanos, como sobre a terra e seus bens materiais. Os súditos pertencem a seu governante e devem-lhe obediência, porque Deus, mediante sua providência, os deu a ele. Em resposta, Locke procurou distinguir claramente os deveres dos súditos de obedecer dos direitos dos governantes de governar[16]. E, é claro, estabeleceu na propriedade os limites sob os quais os governantes devem governar e os direitos dos súditos para com o governo civil.

As críticas de Filmer sobre a propriedade visavam à mais influente teoria do direito de propriedade até então, a do grande autor do direito natural, Hugo Grócio. Grócio sustentava que a natureza humana pertencia a todos os homens em comum, e homens e mulheres, mediante acordo comum, poderiam adquirir privadamente parte da propriedade que a todos era destinada. Filmer aceitou a ideia do acordo na divisão da propriedade. Afinal, "Se a propriedade é uma questão de direito e se todos os homens, originalmente, possuem tudo em comum, então nenhum homem deve perder seu direito a tudo (ou a qualquer

16. Dunn, *op. cit.*, p. 53.

coisa), sem conscientemente escolher abandoná-lo"[17]. O que Filmer questionava era a temporalidade do acordo: será que ele obrigaria os seres humanos subsequentes que não tinham tomado parte no acordo? Ou mesmo os que desejassem mudar de ideia? "Para Filmer, a propriedade só seria praticamente segura e legalmente válida se, como a própria autoridade política, fosse a expressão direta da vontade de Deus"[18]. Ao basear-se a propriedade em numa decisão, era um direito aberto a infinita revisão. Nesse ponto, Locke concorda com Filmer.

Porém, Locke inova na sua resposta sobre a propriedade e introduz a ideia de trabalho, como veremos posteriormente. O trabalho é a origem da propriedade. Assim, "pelo menos de início, os que possuirão mais serão aqueles que o merecerem e não terão nada do que se desculpar em relação aos que merecem e possuem menos"[19].

No fundo, a grande questão no debate entre Locke e Filmer é estabelecer a diferença entre o poder familiar e o poder político[20]. Ao rejeitar os argumentos de Filmer, Locke mostra que o poder político não se constitui apenas de vontade, mas envolve consenso, lei e entendimento. Assim o discurso contra Filmer, filósofo que faz uma certa teologia política, visa a encontrar outras bases para se pensar a política. No entanto não fica inteiramente clara, no capítulo X do *Segundo Tratado*, qual

17. *Idem*, p. 55.
18. *Idem, ibidem*.
19. *Idem*, p. 57.
20. "By conferring these proofs and reasons, drawn from the authority of the Scripture, it appears little less than a paradox which Bellarmine and others affirm of the freedom of the multitude, to choose what rulers they please." (Robert Filmer, *Patriarcha or the Natural Power of Kings*. www.constitution.org/eng/patriarcha.htm).

a forma de governo que Locke preferiria. Apesar de o filósofo recomendar um certo tipo de governo, com poderes separados e uma representação através de uma assembleia legislativa – como veremos em capítulos subsequentes –, uma grande variedade de governos poderia se adequar à ideia de legitimidade do poder. Locke, ao que parece, busca identificar não a melhor forma de ordem política, mas as mínimas condições que toda sociedade política deve satisfazer para ser legítima[21]. Tendo em vista o ataque a Filmer no *Primeiro tratado*, parece que ele seria refratário a qualquer poder absoluto. Em todo caso, Locke ficou conhecido como o filósofo teórico da monarquia constitucional e representativa[22].

O recurso a argumentos teológicos, no *Primeiro Tratado*, tem um valor secundário em face dos argumentos racionais, um valor de reforço. Se é verdade que se buscam na Bíblia os argumentos para fundar-se uma teoria política no *Primeiro Tratado*, é verdade que o *Segundo Tratado* será escrito em um registro completamente diferente. É a transição de um eixo religioso para uma razão emancipada. O sentido do indivíduo racional passa a ser o fio condutor das discussões sobre a sociedade. Na passagem do estado de natureza para o estado civil, devemos pensar na concepção de indivíduo. Passagem do eixo teocrático para o indivíduo emancipado. O mapa conceitual muda, porque muda sua questão central. O indivíduo racional lockiano emancipa-se das discussões baseadas na revelação divina, que compunham a forma de argumentação e legitimação medievais, e segue a lei natural, que é a lei pautada na razão. Neste sentido, obedecer à lei natural é obedecer à própria ra-

---

21. Ruth W. Grant, *John Locke's Liberalism*, Chicago, University of Chicago Press, 1987, p. 200.

22. Nodari, *op. cit.*, pp. 144-145.

A PROPRIEDADE NO *PRIMEIRO TRATADO SOBRE O GOVERNO*

zão, é o homem obedecendo a sua própria natureza. A vida política, assim, organizar-se-á em torno dessa figura nova que é o indivíduo racional.

Além de salvar o direito natural do ataque de Filmer, Locke encontra-se frente à tarefa de usar o vocabulário jusnaturalista para construir uma teoria da propriedade diferente da teoria do consenso que tanto Grócio quanto Pufendorf articulavam como meios para estabelecer suas teorias[23]. Locke requer uma teoria que vai sustentar, ou ser consistente com, uma não-absolutista ou uma teoria do governo limitado, baseado no consenso dos indivíduos e na naturalidade da propriedade privada.

Após o trabalho preliminar de demolição dos pressupostos doutrinários que estavam em voga em seu tempo, Locke passará a construção de sua própria filosofia política. Tudo se passa como se houvesse um deslocamento da questão principal da filosofia política. A pergunta "quem deve governar uma sociedade civil" passa a ser substituída por "para que serve uma sociedade civil". Na passagem do *Primeiro Tratado* para o *Segundo tratado*, Locke tenta responder a uma nova questão da política: o que, efetivamente, fundamenta a organização civil?

É nesse sentido que a propriedade se transforma no foco principal da doutrina filosófica do filósofo.

Assim, o que realmente importa questionar, nesse ponto de nosso estudo sobre a propriedade em Locke, é saber como ele pôde passar de uma concepção de que "Deus deu o mundo a toda a humanidade", *Primeiro Tratado*, para a concepção de que "algo é de alguém" do *Segundo Tratado*. Da propriedade comum, em que todos os homens são coproprietários, para a propriedade privada, sem nem sequer recorrer ao consen-

---

23. Tully, *op. cit.*, p. 102.

LIBERALISMO E NATUREZA. A PROPRIEDADE EM JOHN LOCKE

so entre os homens, como filósofos como Grócio e Pufendorf fizeram. A propriedade coletiva, no *Segundo Tratado*, deve ser deixada de lado para atribuir-se à propriedade privada um caráter universal. Conforme veremos, oportunamente, é a noção de que o indivíduo é proprietário de si mesmo e o conceito de trabalho que proporcionaram a possibilidade de se estabelecer uma propriedade privada ali onde antes existia uma propriedade comunal.

3. A TEORIA DA PROPRIEDADE NO *SEGUNDO TRATADO SOBRE O GOVERNO*

A teoria da propriedade de Locke é explicitada no famoso capítulo V de seu *Segundo Tratado*. Tentaremos reconstruir conceitualmente os argumentos do filósofo sobre a propriedade neste capítulo. Isso não significa que deixaremos de apontar algumas contradições em seu pensamento. De fato, este capítulo sobre a propriedade é bastante controvertido e recebeu inúmeras interpretações diferentes ao longo da história.

Começaremos investigando o estado de natureza lockiano que tem suas peculiaridades se compararmos com o estado de natureza hobbesiano ou o de Rousseau. Essa análise inicial do estado de natureza justifica-se na medida em que será neste estado que os indivíduos poderão dar início à propriedade privada, conforme veremos.

Apontaremos, em seguida, as conexões entre propriedade e razão. Como vimos anteriormente, Locke é um dos integrantes de um projeto de filosofia moderna, projeto este que busca na razão os fundamentos para a ciência, para a política e para a moral. Sua teoria da propriedade, neste sentido, obedece a uma argumentação racional e não a uma argumentação que se baseia simplesmente na vontade divina.

No item Proprietário de Si Mesmo, tentaremos mostrar como uma certa concepção de que todo indivíduo é proprietário de seu próprio corpo e de suas particularidades acabou definindo inicialmente todos os indivíduos como proprietários, apesar de, posteriormente, na mesma teoria, existirem proprietários e trabalhadores. Vamos explorar, nesse sentido, as diversas interpretações desta redução do indivíduo a possuidor.

No item Apropriação e Trabalho, vamos acompanhar o desenvolvimento do argumento da aquisição da propriedade em Locke. Veremos como o trabalho aparecerá como elemento distintivo para apropriação das coisas que inicialmente estavam em comum na natureza.

Em nosso item sobre os limites naturais da propriedade na teoria lockiana, mostraremos os limites defendidos por Locke para a apropriação e, posteriormente, tentaremos sustentar que os próprios limites impostos por Locke são deixados de lado, contraditoriamente, devido à invenção do dinheiro.

Em Trabalho e Valor, discutiremos basicamente a afirmação de Locke de que o "trabalho é que põe diferença de valor em tudo que existe".

Em Propriedade e Justiça, veremos como a questão da desigualdade material entre os homens, primeiro em estado de natureza e posteriormente no estado civil, não é considerada por Locke como um problema de justiça. A justiça, para o filósofo, significará que cada um obtenha os frutos de seu próprio trabalho e o direito de herança.

No item Dinheiro, mostraremos como Locke tinha uma concepção de moeda já afinada com uma moderna economia de mercado.

3.1. ESTADO DE NATUREZA

> *No princípio, o mundo inteiro era a América*[1].
>
> JOHN LOCKE,
> *Segundo Tratado sobre o Governo*, §49.

Robert Nozick inicia seu livro, *Anarquia, Estado e Utopia*, com uma pergunta essencial para a filosofia política: "Se o Estado não existisse, seria necessário inventá-lo?"[2] Essa questão precede qualquer outra sobre como o Estado deve ser organizado e, no limite, corresponde à indagação: "por que não termos a anarquia?" De acordo com o referido autor, tais perguntas são respondidas pelos filósofos através das teorias do estado de natureza.

Celso Lafer assim coloca a questão do estado de natureza e da necessidade de se justificar a criação da sociedade civil:

> Um projeto social de liberação do indivíduo deve, evidentemente, levar em conta as *paixões* – a serem domadas –, os *interesses* – a serem regulados e coordenados – e as *necessidades* – a serem atendidas ou reprimidas. Por isso, o contratualismo moderno parte da hipótese do estado de natureza – no qual as paixões, os interesses e as necessidades convivem em estado bruto – para justificar a criação da sociedade política[3].

A concepção de estado de natureza de Locke[4] é, nesse sentido, extremamente original e influente. Compreendê-la é o primeiro passo para a análise de seu conceito de propriedade.

---

1. "Thus in the beginning all the world was America [...]".

2. Robert Nozick, *Anarquia, Estado e Utopia*, Rio de Janeiro, Jorge Zahar Editor, 1991, p. 18.

3. Lafer, *op. cit.*, p. 82.

4. Os conceitos de *estado de natureza* e *contrato social* são anteriores

LIBERALISMO E NATUREZA. A PROPRIEDADE EM JOHN LOCKE

Isto porque a propriedade privada será legitimada neste estado de natureza, anterior à formação dos governos civis. De fato, a maior proteção da propriedade privada, em Locke, será justamente o que vai determinar a passagem do estado de natureza para o governo civil[5]. Rigorosamente, para o filósofo, a existência concreta da propriedade antecede a existência do Estado e é o verdadeiro motivo pelo qual os homens resolvem se unir em sociedades políticas[6].

O estado de natureza, conforme inicialmente descrito por Locke no *Segundo Tratado*, é um estado de perfeita liberdade e igualdade[7]. Todos são livres para regular suas ações da maneira como julgarem acertada, dentro do limite da lei da natureza, sem pedir licença ou depender da vontade de qualquer outro homem[8]. Os homens são iguais porque é recíproco o poder de

a Locke. Na tradição inglesa, o primeiro a se utilizar desses conceitos foi Thomas Hobbes, autor que, obviamente, não é um pensador liberal.

5. "The Reason why Men enter into Society, is the preservation of their Property; and the end why they chuse and authorize a Legislative, is, that there may be Laws made, and Rules set as Guards and Fences to the Properties of all the Members of the Society, to limit the Power, and moderate the Dominion of every Part and Member of the Society." (Locke, *2TG*, §222.)

6. "The great and *chief end* therefore, of Mens uniting into Commonwealth, and putting themselves under Government, *is the Preservation of their Property.*" (Locke, *2TG*, §124.)

7. "To understand Political power right, and derive it from its Original, we must consider what State all Men are naturally in, and that is, a *State of perfect Freedom* to order their Actions, and dispose of their Possessions, and Persons as they think fit, within the bounds of the Law of Nature, without asking leave, or depending upon the Will of any other Man. A State also of Equality, wherein all the Power and Jurisdiction is reciprocal, no one having more than another [...]". (Locke, *2TG*, §4.)

8. "Locke's is a liberal political theory. He attempts to meet these

jurisdição e todos podem usar da mesma faculdade, a razão, que a natureza lhes proporciona.

O estado de natureza, no entanto, tem uma lei que governa a todos: a lei da natureza ou lei da razão. Essa lei, que a todos obriga, consiste no comando que diz que, sendo todos os homens iguais e independentes, ninguém pode prejudicar outrem em sua vida, saúde, liberdade ou posses[9]. O que torna o estado de natureza um estado de liberdade, não de licenciosidade.

A natureza fornece os meios de sobrevivência que o homem, através da razão, utiliza para proveito próprio. Cada homem, dentro da lei da natureza, está então obrigado a preservar-se e, quando sua autopreservação não estiver em jogo, a preservar o resto da humanidade[10]. Locke, aqui, faz uma mudança no que havia afirmado no *Primeiro Tratado*: deve-se preservar a espé-

requirements for political theory with an argument that begins with the premise that men are by nature equal. The premise of natural equality is identical to the premise of natural freedom. Both can be negatively stated in the same way: there is no natural political authority. Locke's argument proceeds from its premise with the additional understanding that there can be no political authority without a reason for it. Power can be rightfully exercised only as a means to legitimate ends. These ends also are to be inferred from man's natural condition. Men have an equal natural right of preservation, and political authority must consequently be directed toward the preservation of the members of the political community." (Grant, *op. cit.*, p. 200.)

9. "The *State of Nature* has a Law of Nature to govern it, which obliges every one: And Reason, which is that law, teaches all Mankind, who will but consult it, that being all equal and independent, no one ought to harm another in his Life, Health, Liberty, or Possessions." (Locke, *2TG*, §6.)

10. "Every one as he is *bound to preserve himself*, and not to quit his Station wilfully; so by the like reason when his own Preservation comes not in competition, ought he, as much as he can, *to preserve the rest of Mankind*, and may not unless it be to do Justice on an Offender, take

cie em primeiro lugar. No *Segundo Tratado*, a espécie deve ser protegida *depois* da preservação individual. O que, no limite, está em oposição à tradicional doutrina aristotélica de que o homem é animal social e político, segundo o qual a sociedade precede o indivíduo. Locke afirmará que a existência do indivíduo é anterior ao surgimento da sociedade, e assim deve ser preservado em primeiro lugar.

Rege no estado de natureza o regime jurídico da autotutela, a jurisdição é recíproca. Em outras palavras, cada homem é responsável pela aplicação da lei da natureza e tem o poder de punir os transgressores da dita lei em tal grau que impeça a sua violação[11]. Claro que tal afirmação, a de que os próprios homens são os executores da lei da natureza, pode implicar em uma série de problemas. A natureza vil, a paixão, a vingança, o fato de serem juízes em causa própria podem levar à confusão, à desordem e à violência exacerbada[12]. Locke admite, então, que o governo civil é o remédio adequado para as inconveniências do estado de natureza[13]. É preciso que exista uma instância

---

away, or impair the life, or what tends to the Preservation of the Life, the Liberty, Health, Limb or Goods of another." (Locke, *2TG*, §6.)

11. "And that all Men may be restrained from invading others Rights, and from doing hurt to one another, and the Law of Nature be observed, which willeth the Peace and *Preservation of all Mankind*, the *Execution* of the Law of Nature is in that State, put into every Mans hands, whereby every one has a right to punish the transgressors of that Law to such a Degree, as may hinder its Violation." (Locke, *2TG*, §7.)

12. Nesse ponto, Locke elabora uma crítica à monarquia absoluta. Os monarcas absolutos também são apenas homens, sujeitos as mesmas paixões que os outros e, portanto, também são juízes em causa própria.

13. "I easily grant, that *Civil Government* is the proper Remedy for the Inconveniences of the State of Nature, which must certainly be Great, where Men may be Judges in their own Case, since 'tis easily to be imagi-

objetiva reguladora (sociedade civil) que impeça as eventuais transgressões do direito natural. Somente um acordo mútuo e conjunto de constituir uma comunidade e de formar um corpo político é que põe fim ao estado de natureza. É somente o consentimento que faz que os homens tornem-se membros de uma sociedade política. E essa sociedade política deve se limitar, sempre, aos direitos naturais do homem. Afinal, não se pode esperar que seres racionais mudem propositalmente sua condição para pior.

Os homens podem fazer pactos no estado de natureza. Isso porque observar a palavra dada cabe aos homens enquanto homens e não como membros de uma sociedade. No entanto um pacto em especial será aquele que constituirá a sociedade civil. Para Locke, o contrato social era uma realidade histórica. Ele dedica dois parágrafos do *Segundo Tratado*, §102 e §103, para dar exemplos históricos determinados do início das sociedades políticas. Existem contratos, portanto, no estado de natureza, inclusive os de trabalho.

A autotutela leva à doutrina do castigo[14]: ao transgredir a lei da natureza, o infrator declara estar vivendo segundo outra regra que não a da razão e a da equidade comum. A retribuição, conforme dita a razão calma e a consciência, deve ser proporcional à transgressão, devendo servir para a reparação e para a restrição (princípio da punição suficiente). Temos aqui dois direitos distintos: o de *punição* e o de *reparação*. O magistrado

---

ned, that he who was so injust as to do his brother an Injury, will scarcely be so just as to condemn himself for it [...]". (Locke, *2TG*, §13.)

14. "In transgressing the law of Nature, the Offender declares himself to live by another Rule, than that of *reason* and commom Equity, which is that measure God has set to the actions of Men, for their mutual security [...]". (Locke, *2TG*, §8.)

LIBERALISMO E NATUREZA. A PROPRIEDADE EM JOHN LOCKE

tem o poder de relevar a *punição* de um delito por sua própria autoridade, mas não tem o direito de relevar a *reparação* devida a qualquer homem por um dano sofrido. A vítima tem direito a sua *autoconservação*.

Robert Nozick afirma que, já no estado de natureza lockiano, as pessoas podem se organizar em grupos para fazerem valer os seus direitos[15]. Existem, no entanto, inconvenientes nessas associações protetoras: *1.* todos têm que estar sempre de sobreaviso; *2.* Qualquer membro pode a qualquer momento dizer que seus direitos estão sendo ameaçados; e *3.* Como resolver a contenda entre dois membros da mesma associação?

Nozick imagina um sistema, ainda no estado de natureza, em que uma série de agências são criadas para a proteção dos interesses do indivíduo. A tendência é a criação de um judiciário comum que dirima as controvérsias entre agências, algo muito próximo de um Estado mínimo[16].

Segundo Locke, existe uma máxima da lei da natureza: "aquele que derramar o sangue do homem, pelo homem terá seu sangue derramado"[17]. Um decreto divino é aqui equiparado a uma lei da natureza.

Locke lembra que sempre existem pessoas que se encontram em estado de natureza. É um estado que não pertence ao passado. Tanto que sustentamos, neste capítulo, que Locke tinha uma concepção antropológica do estado de natureza. Os

---

15. Nozick, *op. cit.*, p. 27 *et. seq.*

16. Na teoria da separação dos poderes de Locke, no entanto, não encontramos menção a um poder judiciário. A tipologia do filósofo se dá entre os poderes legislativo, executivo e federativo. Este último é um poder que somente podemos encontrar na obra de Locke, conforme veremos no capítulo "Uma Teoria da Separação dos Poderes".

17. "And upon this is grounded the great law of Nature, *Who so Sheddeth Mans Blood, by Man Shall his Blood be Shed.*" (Locke, *2TG*, §11.)

índios das Américas e todos os príncipes e chefes de governo independentes do mundo estão em estado de natureza de acordo com o autor[18]. Segundo Bobbio, Locke não considerava o estado de natureza como mera premissa hipotética de um sistema de política racional, mas como uma situação histórica real[19]. Leo Strauss, sobre o assunto, comenta que Locke é mais claro do que Hobbes no reconhecimento de que os homens realmente viveram em estado de natureza ou de que o estado de natureza não é meramente uma admissão hipotética[20]. Segundo J. W. Gough, existe uma quase historicidade do estado de natureza e do contrato social em Locke. Para Rousseau, por exemplo, não havia interesse em se saber se o estado de natureza realmente tinha existido. Enquanto para Locke, isto, a prova da existência de um estado de natureza anterior ao governo civil e de um contrato social realmente realizado, parece ser de extrema importância[21]. Maria Sylvia Carvalho Franco defende também a ideia de que, em Locke, o estado de natureza é empírico: "Esta posição do estado de natureza como efetivo e não fictício é fundamental para a doutrina política de Locke"[22].

---

18. "That since all *Princes* and Rulers of *Independent* Governments all throgh the World, are in a State of Nature, 'tis plain the World never was, nor ever will be, without Numbers of Men in that State." (Locke, *2TG*, §14.)

19. Norberto Bobbio, *Locke e o Direito Natural*, Brasília, Editora Universidade de Brasília, 1997, p. 179.

20. "Locke is more definite than Hobbes in asserting that men actually lived in the state of nature or that the state of nature is not merely a hypothetical assumption." (Leo Strauss, *Natural Right and History*, Chicago, University of Chicago Press, 1965, p. 230.)

21. Gough, *op. cit.*, p. 89.

22. Maria Sylvia Carvalho Franco, "All the World Was America – John Locke, Liberalismo e Propriedade como Conceito Antropológico",

LIBERALISMO E NATUREZA. A PROPRIEDADE EM JOHN LOCKE

Nos *Dois Tratados*, América é imediatamente identificada como um exemplo de estado de natureza e assim classificada como a mais antiga Era do desenvolvimento histórico mundial. "No princípio, todo o mundo era a *América*" Locke afirma no parágrafo 49 do *Segundo Tratado*[23]. Nesse sentido, o argumento de *América* como estado de natureza primitivo, funciona para explicitar dois elementos básicos da soberania popular: *1*. O autogoverno do indivíduo (§7); e *2*. O exclusivo direito do indivíduo sobre seu próprio trabalho e produtos.

O curioso é que os *Dois Tratados* não correspondem à condição aborígine real da América dos tempos de Locke. Primeiro, porque Locke define sociedade política de uma maneira que o governo ameríndio não qualifica como uma legítima forma de sociedade política. Segundo, porque Locke define propriedade de uma maneira que o uso costumeiro da terra ameríndio não constitui uma forma legítima de propriedade. As formações políticas e a propriedade ameríndias são assim sujeitas a soberania dos conceitos europeus de política e propriedade[24].

A existência de alguns transgressores da lei da natureza não altera o fato desse estado ser um estado de paz, boa vontade, auxílio mútuo e conservação. O estado de natureza é aquele em que os homens vivem juntos segundo a razão e sem superior comum na terra para julgar entre eles. A força, ou o propósito declarado de força, sem um superior comum sobre a terra a quem

Revista USP n.17, Dossiê Liberalismo/Neoliberalismo, São Paulo, USP, 1993, p. 38.

23. "In the *Two treatises* America is immediately identified as one example of the 'state of nature' and then classified as the earliest 'age' in a worldwide historical development. 'In the beginning all the World was *America*' Locke asserts in section 49." (Tully, *op. cit.*, p. 141.)

24. *Idem*, p. 139.

apelar por assistência, constitui o estado de guerra[25]. Porém, contraditoriamente, já no capítulo III do *Segundo Tratado*, Locke coloca que a grande razão para o homem deixar o estado de natureza e constituir a sociedade é evitar o estado de guerra.

Evitar esse estado de guerra (no qual não há apelo senão aos céus, e para o qual pode conduzir a menor das diferenças, se não houver juiz para decidir entre os litigantes) é a grande *razão pela qual os homens se unem em sociedade* e abandonam o estado de natureza[26].

A diferença entre o estado de natureza e o estado de guerra hobbesiano desapareceu virtualmente[27].

A contradição entre as afirmativas de Locke sobre o estado de natureza é patente. Ora este estado difere-se do estado de guerra, ora lhe é idêntico. O estado de natureza lockiano é um tanto ambíguo[28]. No começo do *Segundo Tratado*, Locke

---

25. Segundo Locke, quem deseja colocar outra pessoa sobre seu poder absoluto automaticamente se coloca em estado de guerra para com este. Afinal, quem subtrai a liberdade, deve estar imbuído da intenção de subtrair todo o resto, uma vez que a liberdade é o fundamento da existência do estado de natureza.

26. "To avoid this State of War (wherein there is no appeal but to heaven, and wherein every the least difference is apt to end, where there is no Authority to decide between the contenders) is one great *reason of Mens putting themselves into Society*, and quitting the State of Nature." (Locke, *2TG*, §21.)

27. Macpherson, *op. cit.*, p. 252.

28. Cf. Strauss, *op. cit.*, pp. 224-225. O estado de natureza lockiano é dúbio. No começo, Locke se refere a este estado como um estado de paz onde reina a lei da natureza, que todo homem tem conhecimento. Depois, Locke começa a se referir aos inconvenientes do estado de natureza e de sua propensão para a guerra. Daí a vontade dos homens de saírem deste estado e adentrarem a sociedade civil.

diferencia veementemente o estado de natureza do estado de guerra, mas com o passar dos capítulos o estado de natureza vai ficando cada vez mais próximo do estado de guerra[29]. Locke encontra-se frente a duas concepções diferentes de estado de natureza: a de Hobbes, para quem o estado de natureza é um estado de guerra, e a de Pufendorf, para quem o estado de natureza é um estado de paz, embora seja um estado de pobreza[30]. Bobbio propõe, para a solução da questão do estado de natureza confundir-se com o estado de guerra, a seguinte formulação:

[...] o estado de natureza não é, por si mesmo, um estado de guerra, mas pode tomar esse rumo. Isto significa que, embora não o seja atualmente, o é potencialmente; que não o é originalmente, mas pode transformar-se em um estado de guerra, quando se torna difícil reconduzi-lo ao estado de paz original[31].

Locke tem que resolver um problema difícil para justificar a decisão dos homens de formar uma sociedade civil. O estado de natureza idealizado, pacífico, racional e calmo, não pode ser tão pacífico assim, a ponto de impedir a necessidade dos homens de instituir a sociedade civil. Afinal, para que constituir uma sociedade civil se o estado de natureza é tão bom? Em outras palavras, o estado de natureza não é essencialmente mau em Locke, porém apresenta inconvenientes intransponíveis. "Ao percebermos, em um certo ponto, que suas desvantagens superam as vantagens, torna-se necessário abandoná-lo"[32]. Po-

29. *Idem*, pp. 224-225.
30. Bobbio, *op. cit.*, p. 177.
31. *Idem*, p. 179.
32. *Idem, ibidem.*

deria se dizer que Locke necessitava deste estado de natureza um tanto dúbio porque precisava tornar os homens racionais a ponto de não precisarem de um soberano hobbesiano, mas ao mesmo tempo deveria torná-los suficientemente litigantes a ponto de precisarem entregar seus direitos e poderes naturais a uma sociedade civil[33].

O que nos parece que ocorre no texto do *Segundo Tratado* é a admissão de que o estado de natureza não é um período único e hipotético da história da humanidade, mas desenvolve-se em diferentes estágios históricos, respeitando uma concepção antropológica de história. O estado de natureza lockiano começa com a ideal formulação da igualdade e liberdade perfeitas do homem, coroada pela racionalidade, e termina como um estágio em que o homem já inventou o dinheiro (o estado de natureza como um mercado), e podemos encontrar diversas desigualdades advindas da distribuição de riquezas ou, o que é pior, das diferentes capacidades humanas para a razão e o trabalho[34].

Nessa hipótese, teríamos um estado de natureza primitivo (ideal) em que os homens guiariam-se perfeitamente de acordo com a lei da razão, e um estado de natureza real em que os homens já se reuniriam em comunidades e que inicialmente não teriam o dinheiro, mas posteriormente o teriam inventado. Segundo esta nossa interpretação, é o estado de natureza real que pode se transformar em um estado de guerra, sendo o es-

---

33. É preciso fugir da formulação simples de que o estado de natureza pacífico seria o pré-monetário enquanto o estado de natureza litigante seria o pós-monetário. Mesmo o estado de natureza pré-monetário pode se degenerar em estado de guerra, conforme tentaremos demonstrar.

34. "He gave it to the use of the Industrious and Rational (and *Labour* was to be *his Title* to it;) not to the Fancy or Covetousness of the Quarrelsom and Contentious." (Locke, *2TG*, §34.)

LIBERALISMO E NATUREZA. A PROPRIEDADE EM JOHN LOCKE

tado de natureza ideal, uma mera hipótese especulativa sobre as origens do homem.

Se não levarmos em conta esse duplo conceito de natureza – como ideia reguladora e realidade efetiva da condição humana –, não compreenderemos a ambiguidade da teoria lockiana do estado de natureza, a qual, diferentemente da hobbesiana, que é toda negativa, é ao mesmo tempo positiva e negativa[35].

A dificuldade de se entender a contradição aparente entre o estado de natureza e o estado de guerra em Locke levou autores, como Edgar José Jorge Filho, a dividirem o estado de natureza em estado de natureza primitivo, estado de natureza ideal, idade de ouro e época da apropriação ampliada. Não utilizaremos a mesma nomenclatura, nem concordamos com a tese central do texto do referido autor de que o estado de natureza ideal seria, para Locke, um estágio a ser alcançado no futuro, depois da instituição do governo civil em afinidade com os moldes anarquistas[36]. Para nós, um dos objetivos do *Segundo Tratado* lockiano é justamente justificar a existência da sociedade civil, e por que temos que obedecer a suas leis e não antecipar a teoria anarquista[37]. Porém concordamos com a afirmação do referido comentarista de que o pensamento político de John Locke tem uma potencialidade insuficiente-

35. Bobbio, *op. cit.*, p. 171.
36. Jorge Filho, *op. cit.*, p. 16.
37. Nesse caso, o sentido do direito de rebelião não deve ser mal interpretado. A rebelião ocorre porque o governo age contra ou age insuficientemente com relação à propriedade. Restabelecida a confiança (*trust*) no governo, mesmo que este tenha sido alterado revolucionariamente, não passamos ao regime anarquista de negação do Estado, mas sim a outro Estado que atenda as demandas que provocaram uma rebelião legítima.

mente explorada, a saber: uma filosofia da história implícita, não sistematizada.

Raymond Polin, por seu lado, distingue dois estados de natureza na teoria política lockiana: um ideal, teórico, e outro real. O primeiro seria um estado perfeito, racional; mas é um simples conceito normativo, deduzido da definição de homem perfeito. O estado de natureza real é o estado composto entre aquele e o estado de guerra, e corresponde à condição natural que teria existido ou que existe na história[38].

De fato, todos os contratualistas utilizam-se da dicotomia estado de natureza/estado civil. Podemos enxergar em todos, portanto, uma certa concepção histórica do progresso humano. Em toda a tradição jusnaturalista, Estado é sinônimo de sociedade civil. Locke usa indistintamente um ou outro termo. A antítese real é entre natureza e estado civil[39]. Hobbes, por exemplo, nos apresenta apenas duas possibilidades, ou o estado de natureza, que é um estado de guerra; ou o estado civil, que é um estado de paz. Para este autor, é a preservação da vida que faz com que os homens decidam se reunir em sociedades políticas, alienando seus demais direitos naturais para as mãos de um soberano. Antes de Hobbes, não se conhecia o conceito de estado de natureza, mas só Hobbes fez dele um elemento essencial do sistema[40]. Locke começa o *Segundo Tratado* com o estado de natureza, um começo bem hobbesiano por assim dizer.

Tanto para Hobbes como para Locke, o estado de natureza é um estado de liberdade e igualdade. Porém estes autores entendem estas características de maneira distinta. Locke

38. Jorge Filho, *op. cit.*, p. 173.

39. Eduardo Carlos Bianca Bittar, *Curso de Filosofia Política*, São Paulo, Atlas, 2005, p. 182.

40. Bobbio, *op. cit.*, p. 169.

LIBERALISMO E NATUREZA. A PROPRIEDADE EM JOHN LOCKE

tem uma concepção de liberdade, como não licenciosidade, claramente positiva; enquanto para Hobbes, a liberdade dos homens representará exatamente a ideia da guerra de todos contra todos. Isto pode explicar, no limite, porque Hobbes elabora uma teoria do governo absoluto e Locke, uma teoria do governo limitado. A distância entre os autores pode ser estabelecida pelo fato de Hobbes só poder pensar a eficácia da lei em uma jurisdição comum, daí a necessidade do Estado. Para Locke, não é necessária uma jurisdição comum. Certos atos, no estado de natureza, podem ser classificados como crimes mesmo na ausência de um poder comum e centralizado que assegure a jurisdição: a lei da natureza, ou lei da razão pode determinar tanto as transgressões como as punições. O fato de que um sistema de direitos de propriedade poder, em princípio, operar sem o recurso a uma autoridade central é crucial para Locke. Pois se existe qualquer sistema de direitos de controle sobre as posses no estado de natureza, este deve ser operado sem o "consentimento da humanidade". A propriedade privada torna-se o único sistema apropriado[41]. O governo civil, em Locke, apenas garantirá que os direitos naturais, englobados sob a concepção de propriedade lata, sejam preservados com maior eficiência[42]. A passagem do estado de natureza para a organização civil deverá ser baseada na necessidade mínima de regulamentação da sociedade, pois todos os direitos já são garantidos pela própria natureza. Daí se segue que enquanto Hobbes concebe um Estado absolutista, Locke concebe um Estado liberal. Segundo Bobbio:

41. Thomas, *op. cit.*, p. 105.

42. No que diz respeito à falta de necessidade de um poder centralizado para se ter a eficácia do direito natural, Locke concorda com Grócio.

A TEORIA DA PROPRIEDADE NO *SEGUNDO TRATADO SOBRE O GOVERNO*

Como na concepção de Hobbes o mal é radical, o remédio deve ser igualmente radical: o estado de natureza deve ser suprimido e, em lugar da lei natural, deve vigorar a lei positiva. Na concepção de Locke, contudo, o estado de natureza deve ser pura e simplesmente corrigido e posto em condições de continuar vivendo, com todas as suas vantagens, no estado civil, mediante um aparelho executivo que tenha condições de obrigar a respeitar as leis naturais[43].

Em Locke, a passagem do estado de natureza para o estado civil é precedida pelo estado de guerra. Temos uma concepção triádica e não diádica (como em Hobbes)[44]. Em Hobbes, a dicotomia é entre estado de natureza (guerra e anarquia) e sociedade civil (paz, ordem e obediência). Em Locke, a tricotomia é entre estado de natureza (paz espontânea), estado de guerra (degeneração do estado de natureza e conflito) e sociedade civil (paz artificial e acordada). A descrição da passagem do estado de natureza para o estado civil, em Locke, é uma filosofia da história. Tanto o estado de natureza primitivo real, aquele que não conhece ainda a instituição do dinheiro, como o estado de natureza mercatório podem se transformar em um estado de guerra. O governo civil surge como a alternativa mais eficaz para proteger os direitos naturais, mais precisamente, o direito de propriedade, entendido como vida, liberdade e bens.

A sociedade burguesa, ao tempo de Locke, precisava de uma teoria que professasse a igualdade formal natural, ao mesmo tempo em que justificasse naturalmente a desigualdade econômica[45].

---

43. Bobbio, *op. cit.*, p. 183.

44. Cf. Nodari, *op. cit.*, pp. 113-149 *passim*.

45. Neste sentido, discordamos veementemente de D. Lloyd Thomas que localiza a desigualdade em Locke apenas na sociedade política. Diz o

O caráter central da propriedade dá a possibilidade de um entendimento desta como a matriz de todos os direitos. Assim, os direitos iguais naturais que decorreriam da própria natureza humana, e por isso deveriam ser respeitados quando da instituição da sociedade civil, já se mostravam apenas direitos formais no estado de natureza lockiano (que em seu último estágio já antevê a desigualdade material entre os homens). De modo que o advento do governo civil surge apenas para a institucionalização jurídica de um regime, o estado de natureza mercatório, que não garantia materialmente a igualdade dos direitos, mas era ainda insuficiente para proteger os interesses da classe social dos proprietários. Na teoria de Locke, entretanto, não há apenas posse, mas propriedade no estado de natureza. Os homens teriam se reunido para formar a sociedade civil já possuindo direitos naturais, sendo o direito à propriedade o primeiro deles. O Estado não criou a propriedade, sendo antes criado para protegê-la[46]. Assim, nenhum governo pode tirar toda ou parte da propriedade dos súditos sem o seu consentimento[47], bem como o poder de taxar é restrito às leis elabo-

referido autor: "Locke, by contrast, believed in the natural equality of persons. In the Lockean state of nature people stand in a relationship of equality to one another. Only after the construction of political society do people come to hold unequal positions. That inequality is artificial, the result of deliberate construction of political society". (Thomas, *op. cit.*, p. 13.)

46. Gough, *op. cit.*, p. 74.

47. "But *Government* into whatsoever hands it is put, being as I have before shew'd, intrusted with this condition, and *for this end*, that Men might have and secure *their Properties*, the Prince or Senate, however it may have power to make Laws for the regulation of *Property* between the Subjects one amongst another, yet can never have a Power to take to themselves the whole or any part of the Subject *Property*, without their own consent. For this would be in effect to leave them no *Property* at all." (Locke, *2TG*, §139.)

radas pelo legislativo[48]. O governo civil surge, como o próprio Locke admite em várias passagens do texto, para melhor proteger a propriedade, mas isso significava apenas que o Estado apareceria para garantir os direitos naturais dos proprietários em detrimento da classe dos trabalhadores.

Na concepção de estado de natureza lockiana, já se encontravam os pressupostos para uma teoria do Estado burguesa.

O acordo para ingresso no governo civil não cria, assim, nenhum direito novo, simplesmente transfere para um funcionalismo civil os poderes e o *status* que os indivíduos tinham no estado de natureza; o poder do governo e da sociedade civil limita-se a fazer cumprir os preceitos da lei natural[49]. No início do *Tratado*, não vemos nada que implique em direitos naturais diferenciados. A transformação de direitos naturais iguais em diferenciados vem à luz na elaboração da teoria da propriedade. A igualdade inicial de direitos naturais, que consistia em indivíduo nenhum ter jurisdição sobre outrem, não pode perdurar depois da diferenciação de propriedades. Dito de outro modo, o indivíduo sem nenhuma posse de coisas perde aquela plena condição de propriedade de sua própria pessoa que era a base de sua igualdade de direitos naturais[50].

48. "'Tis true, Governents cannot be supported without great Charge, and 'tis fit every one who enjoys his share of the Protection, should pay out of his Estate his proportion for the maintenance of it. For if any one shall claim a *Power to lay* and levy *Taxes* on the People, by his own Authority, and without such consent of the People, he thereby invades the *Fundamental Law of Property*, and subverts the end of Government . For what property have I in that which another may by right take, when he pleases to himself?" (Locke, *2TG*, §140.)

49. Cf., neste sentido, Macpherson, *op. cit.*, p. 230.

50. *Idem*, pp. 242-243.

Existe uma hierarquia clara no que diz respeito à fonte do direito em Locke: em primeiro lugar, temos o direito natural, depois, o direito positivo. O objetivo desse direito positivo não pode ser nunca o de alterar o direito natural, mas sim, o de funcionar como complemento ao que já era garantido naturalmente.

A propriedade como um direito natural, localizada inicialmente no próprio estado de natureza, será justificada de diversas formas por Locke, conforme veremos nos próximos capítulos. O estado de natureza, em sua última formulação pelo filósofo, já é um estado monetário, com uma economia de mercado e um mercado de trabalho, ou seja, já é uma sociedade de classes. O que significa dizer que é ainda um estado pré-político, mas não pré-social[51].

3.2. PROPRIEDADE E RAZÃO

Na introdução deste trabalho, já havíamos destacado como um dos elementos gerais da filosofia lockiana a centralidade da razão. A razão vai aparecer como um argumento moderno ali onde encontrávamos sempre a argumentação justificada pela revelação. Assim, não bastará a Locke dizer que Deus determinou a propriedade privada, como fizeram filósofos como Filmer. Na passagem do *Primeiro Tratado* para o *Segundo Tratado*, teremos uma mudança de registro: dos argumentos tirados da Bíblia para argumentos decorrentes da razão emancipada do indivíduo. A razão aparecerá, neste sentido, como uma lei natural que os homens podem e devem conhecer. A lei natural

---

51. Cf. Tomás Vánargy, "O Pensamento Político de John Locke e o Surgimento do Liberalismo", em Atílio A. Boron (org.), *Filosofia Política Moderna – de Hobbes a Marx*, Buenos Aires, Clacso, 2006.

A TEORIA DA PROPRIEDADE NO *SEGUNDO TRATADO SOBRE O GOVERNO*

continuará a ser aquela dada por Deus como um conjunto de regras para os homens, conforme a tradição jusnaturalista da época de Locke. Porém agora o indivíduo pode determinar seu conteúdo partindo das descobertas da razão. A lei da natureza é descoberta pela razão depois de ter sido criada pela vontade divina.

No pensamento clássico, o universo, bem como toda a realidade, é estruturado hierarquicamente e o homem ocupa um lugar específico na hierarquia dos seres. O homem é inserido e faz parte do cosmos criado por Deus. A razão divina, por sua vez, enquanto perpassa toda ordem da criação, dirige, de certo modo, toda a vida do homem. Assim, o homem, com o auxílio da razão e da sua consciência, pode explicitar as leis da natureza às quais está submetido[52].

A universalidade está agora no modo como a razão opera. Propriedade, igualdade, liberdade e vida são elementos que, pela razão, pertencem ao direito natural. Não existem conteúdos objetivamente postos, princípios inatos, o que existe é a razão em seu caráter operatório. A universalidade total da lei natural advinda da razão garantirá o direito absoluto de propriedade.

Locke fala dos direitos naturais do homem como se eles fossem derivados da lei da natureza e, de acordo com isso, fala da lei da natureza como se ela fosse uma lei no sentido estrito desse termo. A lei da natureza impõe certos deveres aos homens, tanto se estiverem em estado de natureza ou em sociedade civil. A lei da natureza aparece como uma regra eterna para todos os homens, pois é plenamente inteligível por todas as criaturas racionais e é idêntica à lei da razão[53].

---

52. Nodari, *op. cit.*, p. 11.
53. Strauss, *op. cit.*, pp. 202-203.

No entanto a necessidade de uma explicação a respeito de como podemos conhecer a lei natural[54] nos leva, obrigatoriamente, a uma questão anterior. É preciso saber como os homens podem vir a conhecer alguma coisa, quais são as operações que entram em funcionamento para que o homem adquira qualquer forma de conhecimento. O *Ensaios sobre a Lei da Natureza* de Locke não poderiam deixar de abarcar esta questão, mesmo não sendo seu objetivo mais direto.

Não é à toa, portanto, que Locke principia em seu *Ensaios* uma crítica ao inatismo, tema caro à filosofia lockiana, que posteriormente será objeto de estudo detalhado no *Ensaio sobre o Entendimento Humano*. Em princípio, Locke sustenta que a forma como conhecemos a lei natural em nada se difere da maneira como podemos conhecer qualquer coisa sobre a qual podemos adquirir certeza. É através dos sentidos e da razão que o homem pode vir a ter conhecimento[55].

---

54. Não concordamos com Dunn: "Locke se omitiu da discussão de como os homens podem conhecer o direito natural, a lei segundo a qual todos os direitos humanos se baseavam e do qual os deveres eram derivados. Ele escreve nos *Dois Tratados* como se o conhecimento do direito natural fosse virtualmente obrigatório para todos os homens". (Dunn, *op. cit.*, p. 47.) Apesar de concordarmos que os *Dois Tratados* não oferecem uma resposta para como o indivíduo pode conhecer a lei natural, nossa tese é de que Locke não achava que fosse necessário discorrer sobre esse assunto pois já tinha escrito os *Ensaios sobre a Lei da Natureza* (totalmente voltados para esta questão). Além disso o *Ensaio sobre o Entendimento Humano* resolveria, na visão do filósofo, possíveis dificuldades sobre a origem de qualquer forma de conhecimento.

55. "It has been argued that reason in cooperation with sense-experience reveals the existence of a natural law and at the same time the dictates of this law." (W. von Leyden, "Introduction", *Essays on the Law of Nature and Associated Writings*, Oxford, Claredon Press, 2002, p. 50.)

O que podemos chamar de consciência deriva do trabalho exclusivo destes dois elementos. Levados apenas pelos sentidos, seríamos vítimas das paixões, mas sem os sentidos, "a razão não poderia fazer mais do que um trabalhador na escuridão"[56].

Locke refuta as concepções de Grócio sobre o método para se conhecer a lei natural. Grócio defendia que a lei natural poderia ser descoberta no consenso entre os homens, mediante uma pesquisa histórico-comparativa das leis e costumes de diferentes povos. Para Locke, a lei natural não pode ser encontrada no consenso. Ela é fruto do trabalho racional sobre a experiência sensível. A razão é caracterizada como o que mais convém para natureza humana[57].

Bobbio destaca, com a precisão habitual, que a questão da *obrigatoriedade* da lei natural já é uma questão resolvida de antemão quando se assume a *existência* da lei natural. Afinal, diz-se que uma lei existe quando há obrigação de obedecer a ela, senão a lei seria *flatus vocis*[58]. É óbvio, contudo, que *obrigatoriedade* não significa *eficácia*. Uma lei natural é obrigatória, mas isso não implica que a lei seja de fato obedecida. Os homens podem e muitas vezes agem irracionalmente, em desacordo com a lei natural.

A obrigatoriedade da lei natural é devida não só aos homens em estado de natureza, mas também aos homens que se encontram sob o governo civil. O dever de cumprir a lei da natureza é perpétuo e universal[59]. Mesmo o Estado civil, com

---

56. Bobbio, *op. cit.*, p. 121.

57. Grócio chegará, neste ponto, a sua famosa hipótese impiríssima, segundo a qual mesmo que Deus quisesse alterar a lei natural ele não o poderia sem alterar todo o regime da existência.

58. Bobbio, *op. cit.*, p. 125.

59. Locke, *Essays*, VII, p. 191.

LIBERALISMO E NATUREZA. A PROPRIEDADE EM JOHN LOCKE

suas leis positivas, não pode contrariar as leis naturais de modo que a função de um ordenamento jurídico positivo é justamente a de melhor garantir os direitos naturais.

Locke inicia seu capítulo sobre a propriedade no *Segundo Tratado* justamente afirmando que quer se considere a razão natural, quer a revelação, temos que os homens, uma vez nascidos, têm direito à sua própria preservação. Assim, a comida, a bebida e tudo quanto a natureza oferece estão no mundo para a subsistência humana[60]. A preservação de si mesmo é um princípio racional, já que Deus coloca no mundo, ao mesmo tempo, os homens e as formas para sua subsistência[61].

A rigor, a condição animal do homem não poderia constituir propriamente um estado: pois numa condição animal estável, duradoura, o homem permaneceria refratário à sua destinação, indiferente ao clamor da sua natureza. Se as várias

60. "Wheter we consider natural *Reason*, which tell us, that Men, being once born, have a right to their Preservation, and consequently to Meat and Drink, and such other things, as Nature affords for their Subsistence: Or *Revelation*, which gives us an account of those Grants God made of the World to *Adam*, and to *Noah*, and his Sons, 'tis very clear, that God, as King *David says, Psal. CXV. Xvj. Has given the Earth to the Children of Men*, given it to Mankind in common." (Locke, *2TG*, §25.)

61. "For no Man, or Society of Men, having a power to deliver up their *Preservation*, or consequently the means of it, to the Absolute Will and arbitrary Dominion of another; whenever any one shall go about to bring them into such a Slavish Condition, they will always have a right to preserve what they have not a Power to part with; and to rid themselves of those who invade this fundamental, Sacred, and unalterable Law of *Self--Preservation*, for which they entere'd into Society." (Locke, *2TG*, §149.); "The *Rules* that make for other Mens Actions, be conformable to the law of Nature, *i.e.* to the Will of God, of which that a Declaration, and the *fundamental Law of Nature* being *the preservation of Mankind*, no humane Sanction can be good, or valid against it." (Locke, *2TG*, §135.)

A TEORIA DA PROPRIEDADE NO *SEGUNDO TRATADO SOBRE O GOVERNO*

espécies de animais mantêm um comportamento reto, guiado pelo instinto, o homem deve conduzir-se pela razão. E se os animais atêm-se aos desejos ligados às necessidades naturais, isto é, de subsistência, cumpre ao homem despertar em si os desejos racionais, voltados para a conduta esclarecida e para a obtenção das melhores conveniências da vida, superando a indigente sobrevivência animal[62].

O objetivo assumido por Locke em seu capítulo sobre a propriedade é o de provar como os homens podem vir a ter uma propriedade em diversas partes daquilo que Deus deu em comum à humanidade, e isso sem nenhum pacto expresso por parte de todos os membros da comunidade[63].

Locke quer escapar da teoria do consenso. Esta teoria, que era defendida por filósofos como Grócio e Pufendorf, consistia em dizer que a propriedade era fruto do acordo entre os homens. Locke tentará provar de que maneira racionalmente a propriedade privada originou-se, mesmo que sem acordos entre os homens e mesmo que Deus tenha dado a natureza para o conjunto da humanidade. Afinal, é racional pensar-se que fosse o consentimento de todos necessário, o homem teria morrido de fome, não obstante a abundância com que Deus o proveu[64].

O *Segundo Tratado*, desta maneira, dará um passo a mais, um passo decisivo, no que se refere à maneira como a propriedade era entendida no *Primeiro Tratado* (a propriedade era simplesmente caracterizada como comum à humanidade).

---

62. Jorge Filho, *op. cit.*, p. 189.

63. "But I shall endeavour to shew, how Men might come to have a *property* in several parts of that which God gave to Mankind in common, and that without any express compact os all the Commoners." (Locke, *2TG*, §25.)

64. "If such a consent as that was necessary, Man had starved, notwithstanding the Plenty God had given him." (Locke, *2TG*, §28.)

LIBERALISMO E NATUREZA. A PROPRIEDADE EM JOHN LOCKE

A afirmação mais importante de Locke, no início de sua argumentação sobre a propriedade, será a de que Deus, apesar de ter dado o mundo aos homens em comum, deu-lhes também a razão, a fim de que dela fizessem uso para maior benefício e conveniência da vida[65]. A razão antepõe-se, assim, ao fato de Deus ter dado o mundo aos homens em comum, e é apresentada como o fator decisivo sob o qual se fundará a justificação da propriedade privada. A lei da razão, lei original da natureza, é que determina o início da propriedade sobre aquilo que antes era comum.

A propriedade principia-se ali, na própria subsistência propiciada pelo trabalho. O trabalho deve ser entendido, neste sentido, como uma exigência racional de Deus, e será, como posteriormente veremos, o que distintivamente dará o título de propriedade sobre as coisas. Assim, escreve Locke:

Quando deu o mundo em comum para toda a humanidade, Deus ordenou também que o homem trabalhasse, e a penúria de sua condição assim o exigia. Deus e sua razão ordenaram-lhe que dominasse a Terra, isto é, que melhorasse para benefício da vida, e que, desta forma, depusesse sobre ela algo que lhe pertencesse, o seu trabalho[66].

É a lei da razão que torna o cervo propriedade do índio que o abateu; permite-se que os bens pertençam àqueles que

---

65. "God, who hath given the World to Men in common, hath also given them reason to make use of it to the best advantage of Life, and convenience." (Locke, *2TG*, §26.)

66. "God, when he gave the World in common to all Mankind, commanded Man also to labour, and the penury of his Condition required it of him. God and his Reason commanded him to subdue the Earth, *i.e.* improve it for the benefit of Life, and therein lay out something upon it that was his own, his labour." (Locke, *2TG*, §32.)

A TEORIA DA PROPRIEDADE NO *SEGUNDO TRATADO SOBRE O GOVERNO*

lhes dedicou seu trabalho, mesmo que antes fossem direitos comuns de todos. A apropriação é descrita, logo no início do capítulo sobre propriedade do *Segundo Tratado*, como algo perfeitamente racional. Inclusive, os limites para a apropriação e transformação em propriedade, conforme veremos em capítulo subsequente, são estabelecidos pela razão. "A natureza fixou bem a medida da propriedade pela extensão do *trabalho e da conveniência de vida* dos homens"[67].

Ocorre que a razão, que no início do *Segundo Tratado* parece ser um atributo universal, ao decorrer do texto, mostra-se restrita a apenas alguns indivíduos. As crianças, por exemplo, por ainda não terem atingido a idade madura, podem ser excluídas dessa universalidade da razão:

> E sendo essa lei promulgada e dada a conhecer apenas pela *razão*, não se pode dizer que aquele que ainda não acedeu ao uso da sua *razão* esteja *sujeito a essa lei*; e por não estarem os filhos de *Adão* imediatamente, assim que nasciam, *submetidos a essa lei da razão*, não estavam imediatamente *livres*. Pois a *lei*, em sua verdadeira concepção, não é tanto uma limitação quanto *a direção de um agente livre e inteligente* rumo a seu interesse adequado, e não prescreve além daquilo que é para o bem geral de todos quantos lhe estão sujeitos[68].

---

67. "The measure of Property, Nature has well set, by the Extent of Mens *Labour, and the Conveniency of Life.*" (Locke, *2TG*, §36.)

68. "[...] for no Body can be under a Law, which is not promulgated or made known by *Reason* only, he that is not come to the Use of his *Reason*, cannot be said to be *under this Law*; and *Adam's* Children being not presently as soon as born, *under this Law of Reason* were not presently *free*. For *Law*, in its true Notion, is not so much the Limitation as *the direction of a free and intelligent Agent* to his proper Interest, and prescribes no farther than is for the general Good of those under that Law." (Locke, *2TG*, §57.)

LIBERALISMO E NATUREZA. A PROPRIEDADE EM JOHN LOCKE

Porém Locke vai mais longe no que diz respeito à ligação entre propriedade e razão: restringe a categoria dos proprietários aos indivíduos que agem racionalmente e a de não proprietários os indivíduos, por assim dizer, irracionais. Neste sentido, Deus, segundo Locke, deu o mundo "para o uso dos diligentes e racionais (e o *trabalho* haveria de ser o seu *título* de propriedade), e não para a fantasia e cobiça dos rixentos e litigiosos"[69].

Começa-se a delinear-se, conforme ressalta Maria Sylvia Carvalho Franco, o indivíduo a que Locke faz referência: é o proprietário, homem diligente e racional, que conhece e pode executar a lei da natureza de modo a proteger sua propriedade[70].

Trata-se de uma doutrina que, no limite, legitima a destruição do *outro*, dos desiguais ou diferentes por natureza. Sua teoria explícita da preservação de toda a humanidade consiste precisamente no seu contrário, ou seja, legitima o extermínio de parte dela. Determina-se, com isso, uma oposição radical: de um lado, os naturalmente iguais, os proprietários – humanos perfeitos, pacíficos membros da comunidade harmoniosa, racional e legal; de outro, os naturalmente diferentes, os não proprietários – inumanos e degenerados, animalescos, ferozes, alheios às leis da razão[71].

Em consequência, a identidade homogênea, livre e igual, no estado de natureza, só pode referir-se ao proprietário, esse agente que se guia pela razão; em consequência, também, os transgressores da lei, os que ameaçam romper a coesão e har-

---

69. "He gave it to the use of the Industrious and Rational, (and *Labour* was to be *his Title* to it;) not to the Fancy or Covetousness of the Quarrelsom and Contentious." (Locke, *2TG*, §34.)

70. Franco, *op. cit.*, p. 40.

71. *Idem*, p. 46.

82

A TEORIA DA PROPRIEDADE NO *SEGUNDO TRATADO SOBRE O GOVERNO*

monia do todo, os não-proprietários, configuram-se como não homens, animais de rapina[72].

Macpherson analisa essa contradição de Locke, o movimento de universalizar a razão para dar fundamento à propriedade e, posteriormente, retirar a capacidade racional dos não proprietários, como uma divisão de classes que Locke teria enxergado em sua própria sociedade e depois incorporado a sua teoria política como um pressuposto universalmente aceito.

Fica bastante claro, portanto, que quando Locke olhou para sua própria sociedade, viu duas classes com direitos diferentes e com racionalidades diferentes. Devemos agora examinar até que ponto reinterpretou, na própria natureza do homem e da sociedade, as diferenciações que viu na sua própria sociedade[73].

De início, no *Segundo Tratado*, todos os homens são racionais. É a racionalidade operosa, ou seja, trabalhar para modificar a natureza, que todos os homens compartilham como seres racionais.

Leo Strauss é esclarecedor quando afirma que os homens constituem sociedade com o intuito não tanto de preservar a propriedade, mas sim de alargar suas posses. A propriedade que deve ser "preservada" pela sociedade civil não é uma propriedade estática, mas dinâmica[74]. Com a chegada do dinheiro, tema que nos deteremos com maior profundidade em capítulo posterior, e, portanto, da possibilidade de acumulação, o racional é acumular cada vez mais. Isso seria impossível para o mero trabalhador desprovido de propriedade, que tem em si

72. *Idem, ibidem.*
73. Macpherson, *op. cit.*, p. 241.
74. Strauss, *op. cit.*, pp. 224-225.

LIBERALISMO E NATUREZA. A PROPRIEDADE EM JOHN LOCKE

sua única propriedade que pode alienar. "Em outras palavras, à altura em que trabalho e apropriação se tornaram separáveis, a plena racionalidade pendeu mais para a apropriação do que para o trabalho"[75]. O dinheiro, mercadoria imperecível, muda toda a estrutura de troca e de racionalidade.

É preciso lembrar, aqui, que temos duas etapas no estado de natureza: uma anterior a invenção do dinheiro e uma posterior. Antes da adoção do dinheiro, a apropriação além do exigido para o consumo mostrava-se irracional. A introdução do dinheiro remove os obstáculos técnicos (do desperdício e da suficiência) e modifica moralmente a racionalidade no estado de natureza.

Em resumo, Locke reinterpretou na natureza humana original uma propensão racional para a acumulação ilimitada, mostrou que esta é naturalmente reprimida na sociedade pré-monetária e mostrou como a repressão pode ser removida por um dispositivo que ele supõe estar bem no íntimo dos poderes racionais de um ser humano natural[76].

Disso resulta que havia, na opinião de Locke, uma diferenciação de classes quanto à racionalidade no estado de natureza. Os que haviam ficado sem propriedades depois que todas as terras haviam sido apropriadas não podiam ser tidos em conta como plenamente racionais.

Como destaca Macpherson:

A concepção lockiana de racionalidade diferenciada, justificava como natural, não a escravidão, mas a subordinação de uma parte da população mediante a contínua alienação contratual de sua capaci-

75. Macpherson, *op. cit.*, p. 246.
76. *Idem*, p. 247.

dade de trabalho. A diferenciação apareceu porque os homens eram livres para alienar sua liberdade. A diferença de racionalidade era resultante, e não causa, dessa alienação. Mas a diferença de racionalidade, uma vez estabelecida, fornecia a justificativa para a diferenciação de direitos[77].

Em Locke, a diferença de racionalidade não era inerente aos seres humanos, nem neles implantada por Deus, ou pela natureza; ao contrário, era adquirida socialmente, em virtude das diferenças de posição econômica. Mas era adquirida no estado de natureza; e, portanto, era inerente à sociedade civil.

3.3. PROPRIETÁRIO DE SI MESMO

> *O* trabalho *de seu corpo e a* obra *de suas mãos, pode se dizer, são propriamente dele*[78].
>
> JOHN LOCKE,
> *Segundo Tratado sobre o Governo*, §27.

A teoria política moderna fará uma inversão no que diz respeito à relação entre indivíduo e comunidade. Ao contrário do pensamento clássico, que localizava na sociedade o princípio fundante da reflexão política, o pensamento moderno basear-se-á no indivíduo isolado, portador de direitos anteriores a qualquer forma de sociabilidade. A comunidade, neste sentido moderno, não será mais a composição dos homens que estão dispostos ao bem comum, mas sim dos que defendem seus próprios interesses, que serão tidos como legítimos por serem anteriores a própria construção social[79].

---

77. *Idem*, pp. 257-258.

78. "The *Labour* of his Body, and the *Work* of his hand, we may say, are properly his."

79. Nodari, *op. cit.*, p. 12.

Esse tom marcadamente individualista, como não poderia deixar de ser, aparece no conjunto da teoria de Locke, especialmente em sua teoria da propriedade. O pressuposto mais famoso desta concepção será a afirmação de Locke de que todo homem tem uma propriedade em sua própria pessoa, e de que o labor de seu próprio corpo e o trabalho de suas mãos são naturalmente seus[80]. Essa concepção situa o fundamento da propriedade no homem, no que ele tem de próprio, no seu corpo e em seu trabalho. No parágrafo 44 do *Segundo Tratado* Locke afirma:

De tudo isso fica evidente que, embora as coisas da natureza sejam dadas em comum, o homem (sendo senhor de si mesmo e *proprietário de sua própria pessoa* e de suas ações ou de seu *trabalho*) tinha já em si mesmo *o grande fundamento da propriedade,* e que o que formava a maior parte do que ele empregava para o sustento ou conforto do seu próprio ser, quando a invenção e as artes aperfeiçoaram as conveniências da vida, era perfeitamente dele, e não pertencia em comum aos demais[81].

Mas o que significa exatamente a afirmação de Locke de que todo homem teria uma propriedade em sua própria pes-

---

80. "Though the Earth, and all inferior Creatures be commom to all Men, yet every Man has a *Property* in his own *Person.* This no Body has any Right to but himself. The *Labour* of his Body, and the *Work* of his Hands, we may say, are properly his." (Locke, *2TG,* §27.)

81. "From all which it is evident, that though the things of Nature are given in common, yet Man (by being Master of himself, and *Proprietor of his own Person*, and the Actions or *Labour* of it) had still in himself *the great Foundation of Property;* and that which made up the great part of what he applyed to the Support or Comfort of his being, when Invention and Arts had improved the conveniences of Life, was perfectly his own, and did not belong in commom to others." (Locke, *2TG,* §44.)

A TEORIA DA PROPRIEDADE NO *SEGUNDO TRATADO SOBRE O GOVERNO*

soa? A princípio tal afirmação que caracteriza o homem como um proprietário seria universal. A história das interpretações do pensamento político de Locke oferece diferentes respostas para essa questão. Para melhor analisar tal afirmação, resolvemos classificar as diferentes interpretações que esta concepção recebeu. Acreditamos poder dizer que a concepção de Locke de que o homem é proprietário de si mesmo recebeu interpretações econômicas, políticas, jurídicas, antropológicas e filosóficas.

Macpherson, por exemplo, parece ter uma concepção *econômica* da afirmação de que o homem é proprietário de si mesmo, a que ele intitula, de maneira criativa, como teoria do individualismo possessivo. Segundo este comentador, o individualismo de Locke não consiste apenas em dizer que os indivíduos são por natureza livres e iguais e que só podem ser sujeitos à jurisdição de outros pelo próprio consentimento. Deixar a coisa por aqui é deixar escapar sua significação principal. Fundamentalmente, o individualismo lockiano consiste em fazer do indivíduo proprietário natural de sua própria pessoa e de suas próprias capacidades, nada devendo por elas à sociedade[82]. A consequência econômica mais importante de tal concepção é a de que o indivíduo, apesar de não poder alienar toda a sua pessoa, pode alienar sua capacidade de trabalho em troca de um salário[83]. Estabelece-se assim, de acordo com o referido

82. Macpherson, *op. cit.*, p. 267.

83. "The first basic premise of possessive individualism, from which the thesis takes its name, is that man is proprietor of his own person and capacities. This is taken by Macpherson to be an economic conception of the self: a concept of an individual who possesses rights of ownership over his person and capacities that he exercises through contractual relations on a market free of the authoritative allocation of work and in which the capacity to labour is alienated for a period of time in exchange for a wage.

cientista político, uma sociedade de classes, trabalhadores e proprietários, que já existiria no próprio estado de natureza. Assim, a afirmação de Locke de que o homem é proprietário de si mesmo simbolizaria o seu contrário. Nem todos seriam proprietários de objetos ou terra. Alienando seu trabalho, que é só seu, o trabalhador ao mesmo tempo se aliena da condição de proprietário das coisas do mundo. O estado de natureza lockiano, assim, mostra-se uma economia de mercado com contratos de trabalho em que uma posição assimétrica entre proprietários e trabalhadores apareceria. A afirmação do homem proprietário de si e, por isso, livre e igual a todos os outros, leva, no limite, à sua própria negação. O estado de natureza (e, portanto, também o estado social que dele apenas decorre) é um estado de desigualdade econômica.

James Tully, por outro lado, ressalta que o uso primário da concepção de direitos sobre si mesmo no século XVII está na constituição do governo e na relação de submissão a este[84]. Fazendo uma arqueologia da concepção de homem proprietário de si mesmo, Tully afirma que, para os romanos, ser proprietário de si significava apenas não ser escravo, enquanto que para os neoestóicos significava que ninguém exercia controle sobre a vontade do indivíduo. Mas seria nos tempos modernos que a definição, inicialmente utilizada por Grócio, tomou os contornos que depois ficariam conhecidos pela obra de Locke. Afirma Grócio em seu *Direito da Guerra e da Paz:* "É fácil entender que não seria assim, mesmo que o direito que ora chamamos 'propriedade' não tivesse sido criado, pois a vida, o corpo, a

---

The psychological motive which moves the possessive individual is an infinite desire to consume, acquire or seek to satisfy utilities." (Tully, *op. cit.*, p. 80.)

84. Tully, *op. cit.*, p. 82.

A TEORIA DA PROPRIEDADE NO *SEGUNDO TRATADO SOBRE O GOVERNO*

liberdade teriam sido sempre bens próprios de cada um, contra os quais não se poderia atentar sem injustiça"[85].

Negando o caráter econômico da definição, Tully defende que o conceito de homem proprietário de si mesmo é eminentemente *político*[86]. Os *Levellers*, por exemplo, usam o conceito de *self-ownership* não para legitimar trocas mercantis, mas para justificar o direito de resistir a autoridade nos termos de um direito natural de defesa própria[87]. Não estão preocupados com a alienação do poder de trabalho, mas com o poder político (poder de autodefesa). O poder de trabalho aparece aqui como o meio de preservar o indivíduo, não como algo que facilite a satisfação utilitária, e é regulado pelo governo para a preservação. Olhando agora para a definição lockiana, é claro que ele escreveu dentro desta moldura geral de Grócio, apesar dele ter feito um número importante de inovações[88].

J. W. Gough, por seu turno, vai explorar as características *jurídicas* da concepção de homem proprietário de si mesmo. Para este comentarista, falar em propriedade de si mesmo talvez não seja um uso rigoroso da palavra, porque a chamada propriedade da própria pessoa, que Locke atribuiu ao homem, obviamente não é a mesma propriedade, legalmente reconhecida, que um cidadão pode ter em bens móveis ou imóveis[89].

---

85. Grócio, *op. cit.*, p. 103.

86. Tully, *op. cit.*, p. 82.

87. *Idem, ibidem.*

88. "It is not concerned with the alienation of labour power but with political power (power of self-defence). Labour power appears here as the means to preserve oneself, not something that facilitates utility satisfaction, and it is regulated by government for the sake of preservation. This Grotian framework plays a powerful role in English political though throughout the century. [...]" (Tully, *op. cit.*, pp. 82-83.)

89. Gough, *op. cit.*, p. 77.

Além disso, Locke não baseou o direito de propriedade apenas na própria pessoa, mas também, na lei da natureza voltada para a paz e preservação de toda humanidade. Esta lei só pode ser cumprida, e isto que Deus quer, se tivermos a possibilidade de nos apropriarmos do alimento necessário à sobrevivência.

Raymond Polin esclarece que o que caracteriza, a princípio, um homem enquanto indivíduo e torna-o distinto e independente de todos os outros é a sua liberdade natural[90]. A liberdade de uma pessoa não pode ser senão aquela de um ser dotado de razão. Mas esta liberdade, que faz o homem individual, não é a liberdade de um nada; ela é livre autoridade e livre disposição de seu corpo, de seus membros, de sua saúde, de seus bens[91]. É preciso atentar para o fato de que Locke afirma que todo homem tem uma propriedade em sua própria *pessoa*. A noção de *pessoa* é inseparável da noção de *direito*. "O termo pessoa é um termo de Direito concernente às ações e seu mérito, seu castigo e sua recompensa, e que implica a responsabilidade do indivíduo. A pessoa é o indivíduo considerado na sua significação jurídica"[92]. Pessoalidade é assim restrita aos agentes livres, desde que a liberdade é uma condição para a capacidade de direito[93].

Segundo Polin, para Locke, ser proprietário de sua liberdade, de seu corpo, de seu trabalho – contanto que se trabalhe

---

90. Raymond Polin, "Indivíduo e Comunidade", em Célia Galvão Quirino & Maria Teresa Sadek Souza (orgs.), *O Pensamento Político Clássico*, São Paulo, T. A. Queiroz Editor, 1980, p. 133.

91. *Idem*, p. 134.

92. *Idem, ibidem*.

93. "So that however it may be mistaken, *the end of Law* is not to abolish or restrain, but *to preserve and enlarge Freedom*: For in all the states of created beings capable of Laws, *where there is no Law, there is no Freedom*." (Locke, *2TG*, §57.)

racionalmente – implica já ser um proprietário, quer dizer uma *pessoa civil* com direitos jurídicos bem definidos, e isto basta para ser membro do corpo político. Locke, sem dúvida, dele só excluiria os mendigos e vagabundos, condenados por sua existência corrompida e irracional, e desprovida por isso da própria condição humana[94].

A visão *antropológica* da concepção de homem proprietário de si mesmo é proposta por Maria Sylvia Carvalho Franco. Segundo a autora, uma pista de que se poderia partir é a propriedade tomada não como figura jurídica ou termo econômico, de modo abstrato como o fez Macpherson, mas como um conceito que funda uma antropologia em Locke. *Property* ou *propriety*, qualquer das duas formas intercambiadas por ele designam aquilo que é específico do homem em última instância. Esta interpretação reforça-se quando nos lembramos de que o direito de propriedade está fundado na posse e no poder de uso que o homem tem sobre si mesmo – do seu corpo, de suas virtualidades[95].

Segundo a autora, em Locke, a propriedade é a manifestação exterior da liberdade, sua existência. O homem encerra em si um poder e é ao colocar em operação essa atividade que ele se constitui, ao se exteriorizar no mundo. A natureza existe no exterior, mas antes de ser apropriada é *wastland*. A ideia importante a ser explorada aí é a de *que homem e natureza constituem--se num só movimento*, sendo significativo que Locke não atribua nenhum privilégio à vida e à liberdade humana: ambas são colocadas no mesmo plano das posses materiais, sendo tudo isso "produzido"[96]. Se a natureza é vista, assim, como *power*,

94. Polin, *op. cit.*, p. 145.
95. Franco, *op. cit.*, p. 38.
96. *Idem, ibidem.*

LIBERALISMO E NATUREZA. A PROPRIEDADE EM JOHN LOCKE

não pode haver neste contexto uma liberdade do homem como postulado universal: ela se processa materialmente, determinada e referida a certos homens.

O que parece acontecer é uma doutrina sobre o homem e a política baseada numa concepção natural de ambas, traço que as unifica. A natureza existe no exterior, mas só se configura quando é colocada em contato com as potencialidades humanas, as quais também só existem quando postas em prática. A natureza não é um dado, é um construído sujeito à manipulação humana.

A natureza é efetiva quando útil, ao ser constituída pela ação humana; o homem só é um espécime completo quando se exterioriza no mundo e põe em operação uma atividade que define o contorno das coisas. Por isso mesmo, o homem é *essencialmente* proprietário. Essa concepção é uma consequência necessária das representações fundamentais que encontramos em Locke sobre os nexos entre homem e natureza, sujeito e objeto[97].

Existe uma continuidade do estado de natureza para a sociedade civil da mesma forma que existe uma continuidade entre a propriedade como direito natural e de propriedade como direito individual no governo civil. A propriedade funda uma antropologia assim como um saber e um domínio sobre o cosmos. A razão perpassa a natureza, melhor dizendo, natural e racional interpenetram-se.

Neste sentido, o exemplo do salteador é bem ilustrativo. Locke advoga pela liberdade de se matar um ladrão. Afinal, atentar contra a propriedade é atentar contra a própria liberdade. Atentar contra a propriedade é atentar contra a própria

97. *Idem*, p. 40.

A TEORIA DA PROPRIEDADE NO *SEGUNDO TRATADO SOBRE O GOVERNO*

vida, roubar a substância humana. A propriedade é a determinação fundamental do homem.

O jurista Hans Kelsen é quem vai propor uma interpretação *filosófica* para a concepção de homem proprietário de si mesmo em Locke. Segundo Kelsen, a proposição básica a partir da qual se infere a justiça da propriedade individual é a afirmação de que o homem detém a propriedade de sua própria pessoa, o que significa que ninguém tem direito sobre sua pessoa, a não ser ele próprio. Isto, na verdade, é dizer que o homem tem direito à liberdade. É óbvio que isso não significa o direito de propriedade, que consiste em excluir os outros de determinada posse de um bem[98]. Kelsen, assim, exclui a tentativa jurídica de se entender o problema.

A liberdade significa a propriedade de si mesmo por parte do homem e, uma vez que o trabalho é uma função de sua personalidade, também significa propriedade de seu trabalho. Ora, se a propriedade de seu trabalho por parte do homem é sua liberdade, qualquer extensão dessa propriedade a outras coisas constitui a extensão da liberdade[99].

A liberdade aparece então, inicialmente, como fundamento da propriedade.

Ocorre que o indivíduo não tem nenhum direito absoluto à vida, isto é, nenhum direito absoluto de impedir que os outros disponham de sua própria vida, mas um direito absoluto à propriedade. Isto é, o direito de impedir que os outros disponham daquilo que lhe pertence. Já que o direito de um homem dispor exclusivamente de sua vida constitui sua liberdade, o direito à propriedade coloca-se acima do direito à liberdade. Portanto a

98. Hans Kelsen, *A Democracia*, São Paulo, Martins Fontes, 1993, pp. 284-285.

99. *Idem*, p. 285.

LIBERALISMO E NATUREZA. A PROPRIEDADE EM JOHN LOCKE

tentativa de justificar a propriedade através da liberdade conduz à anulação de sua própria base: a ideia de liberdade como valor supremo[100]. Kelsen, assim, denuncia o caráter contraditório da definição de homem proprietário de si mesmo de Locke. A propriedade tem que se basear na liberdade, mas, ao mesmo tempo, é superior a ela.

Estas tentativas de explicação da formulação lockiana que classificamos em interpretações econômicas, políticas, jurídicas, antropológicas e filosóficas, apesar de terem suas particularidades e responderem, no fundo, a posições políticas dos referidos comentaristas, não são de todo excludentes entre si. Preferimos pensar que correspondem a recortes possíveis, a pontos de vista declaradamente diferentes, que tentam entender a partir de diferentes esferas do conhecimento a mesma definição de homem proprietário de si mesmo. Servem, no mínimo, para demonstrar a enorme dificuldade de lidar-se com um texto, o *Segundo Tratado*, que já foi objeto de inúmeras interpretações. Em todo caso, o traço comum com que todas estas interpretações parecem concordar é a primazia da concepção de homem proprietário de si mesmo como o fundamento da concepção de propriedade privada em Locke.

3.4. APROPRIAÇÃO E TRABALHO

Talvez valha à pena analisarmos com profundidade a tese a ser defendida por Locke no início do capítulo V do *Segundo Tratado* para podermos determinar a legitimidade da propriedade privada ainda no estado de natureza. Esta análise vai nos levar a identificar as etapas do argumento lockiano, como ele encadeia suas razões, para justificar a propriedade. Assim, Lo-

---

100. *Idem*, p. 287.

cke afirma ser seu intuito no referido capítulo: "[...] esforçar-me-ei por mostrar de que maneira os homens podem vir a ter uma *propriedade* em diversas partes daquilo que Deus deu em comum à humanidade, e isso sem nenhum pacto expresso por parte de todos os membros da comunidade"[101].

Em primeiro lugar, vamos nos deter na afirmação de que "Deus deu em comum à humanidade". Essa afirmação já havia aparecido no *Primeiro Tratado*, conforme analisamos em capítulo anterior. No *Primeiro Tratado*, ela funcionava como uma objeção à tese de que Deus deu o mundo a Adão e a seus descendentes, que teriam domínio exclusivo sobre as coisas do mundo. No *Segundo Tratado*, no entanto, a afirmação pode levar a entender que Locke continua no mesmo registro de refutação ao poder divino que encontramos no *Tratado* anterior. Porém agora a afirmação tem em vista a legitimação da propriedade privada e é nesse registro que deve ser compreendida. O fato de Locke dizer que Deus deu a terra e seus frutos a todos os homens em comum não significa mais a ideia de uma propriedade coletiva.

Inicialmente, Locke diz que Deus deu a terra e seus frutos para toda a humanidade em comum. Mas isso não significa uma ideia de propriedade coletiva. Se assim fosse, cada homem, para se satisfazer precisaria do consenso de todos os outros. O que é, claramente um contrassenso. O homem deve ter uma maneira de se apropriar das coisas, uma maneira própria que faça com que supere suas necessidades.

---

101. "[...] But I shall endeavour to shew, how Men might come to have a *property* in several parts of that which God gave to Mankind in common, and that without any express Compact of all the Commoners." (Locke, *2TG*, §25.)

LIBERALISMO E NATUREZA. A PROPRIEDADE EM JOHN LOCKE

A questão é se saber se as coisas no estado de natureza idealizado, não mercatório, correspondem a uma *res nullius* ou a uma *res communes*[102]. A interpretação de que as coisas da natureza são coisas de ninguém (*res nullius*) contraria as afirmações de Locke no *Primeiro Tratado* onde admitiu que

> [...] o que quer que Deus tenha outorgado através das palavras dessa concessão (Gn 1, 28), não o outorgou para *Adão* em particular, à exclusão de todos os demais homens: Qualquer que tenha sido o *domínio* que lhe outorgou mediante tal concessão, não se tratava de um *domínio privado*, mas um domínio comum com o restante da humanidade[103].

As coisas da natureza como coisas comuns (*res communes*), por seu turno, nos levam a uma situação histórica interessante. A propriedade não tem, rigorosamente, nesse caso, uma origem, uma certidão de nascimento. Nunca existiu alguma coisa que não pertencesse ao homem, o indivíduo já era coproprietário de tudo que existe na natureza. O que falta para transformar os homens de coproprietários em proprietários é um processo de individuação realizado pelo trabalho conforme veremos posteriormente.

A segunda parte da tese que Locke pretende defender é de maior dificuldade. Ele vai tentar provar como os homens podem ter chegado à propriedade "sem nenhum pacto expresso por parte de todos os membros da comunidade". Esta argumentação é,

---

102. Bobbio defende que é *res communes* (Bobbio, *op. cit.*, p. 202), Gough defende que era *res nullius* (Gough, *op. cit.*, p. 74).

103. "Whatever God gave by the words of this Grant, I *Gen.* 28. it was not to *Adam* in particular, exclusive of all other Men: whatever *Dominion* he had thereby, it was not a *Private Dominion*, but a Dominion in commom with the rest of Mankind." (Locke, *1TG*, §29.)

A TEORIA DA PROPRIEDADE NO *SEGUNDO TRATADO SOBRE O GOVERNO*

de fato, mais ambiciosa. O filósofo quer demonstrar não simplesmente que a comunidade inicial da propriedade pode ser conciliada com a emergência dos direitos individuais naturais, mas que isso pode ser feito sem o recurso do consenso. Em outras palavras, o consentimento universal não será, para Locke, uma condição necessária para fundamentar a propriedade privada.

Neste sentido, Locke disputa claramente com as teorias convencionalistas. Grócio era defensor do consentimento expresso ou tácito das outras pessoas para que houvesse propriedade. Pufendorf criara a categoria do direito natural convencional, cujo principal instituto era justamente a propriedade.

A teoria convencionalista de propriedade era uma solução intermediária entre a que descobria a propriedade diretamente no estado da natureza e a que a derivava unicamente do Estado. Para dar origem à propriedade, segundo esta perspectiva, o Estado não era necessário; mas também não bastava a natureza. Era preciso a livre vontade dos indivíduos que conviviam[104]. Desta maneira, a teoria convencionalista afirmava a existência de algum tipo de pacto, acordo ou contrato para a instituição da propriedade privada. Mas esse pacto deveria ser anterior à formação do Estado.

Locke, ao mesmo tempo, tentava se distanciar o máximo possível de outra concepção de propriedade: a de Hobbes. Hobbes tinha negado que o direito de propriedade fosse um direito natural. Para este filósofo, a propriedade, entendida como um direito garantido *erga omnes*, nascia exclusivamente depois da instituição do Estado e mediante a sua proteção: o que significava que *a propriedade era um instituto não de direito natural, mas de direito positivo*[105].

104. Bobbio, *op. cit.*, p. 191.
105. *Idem*, pp. 189-190.

LIBERALISMO E NATUREZA. A PROPRIEDADE EM JOHN LOCKE

Locke argumentará que é desnecessário, e essencial, que os indivíduos não necessitem do consentimento explícito dos demais para ter uma propriedade:

Se se tornar o consentimento explícito de todo membro da comunidade necessário para qualquer um que se aproprie de qualquer parte daquilo que é dado em comum, os filhos ou os servidores não poderiam cortar a carne que seu pai ou seu senhor lhes concedeu, em comum, sem atribuir a cada um seu pedaço particular. Embora a água que corre da fonte seja de todos, quem poderia duvidar que a que está no jarro é daquele que a retirou? O *trabalho* dele tomou-a das mãos da natureza, onde era comum e pertencia igualmente a todos os seus filhos, e, com isso, dela *apropriou-se*[106].

Ou ainda no parágrafo 28 do *Segundo Tratado*:

E poderá alguém dizer que não tinha direito algum a essas bolotas ou maçãs, de que assim se apropriou, por não ter tido o consentimento de toda a humanidade para fazê-las suas? Terá sido um roubo tomar desse modo para si o que pertencia a todos em comum? Fosse tal consentimento necessário, o homem teria morrido de fome, não obstante a abundância com que Deus o proveu[107].

106. "By making an explicit consent of every Commoner necessary to any ones appropriating to himself any part of what is given in common, Children or Servants could not cut the Meat which their Father or Master had provided for them in commom, without assigning to every one his particular part. Though the Water running in the Fountain be every ones, yet who can doubt, but that in the Pitcher is his only who drew it out? His *Labour* hath taken it out of the hands of Nature, where it was common, and belonge'd equally to all her Children, and *hath* thereby *appropriated* it to himself." (Locke, *2TG*, §29.)

107. "And will any one say he had no right to those Acorns or Apples

A TEORIA DA PROPRIEDADE NO *SEGUNDO TRATADO SOBRE O GOVERNO*

Explicadas as duas dificuldades iniciais – a de que Deus deu a terra aos homens em comum, e a de que a propriedade surge sem um consenso entre os homens – que Locke tem que enfrentar para formalizar sua teoria da propriedade, vamos agora analisar a ordem dos raciocínios e argumentos do filósofo para a legitimidade da propriedade privada. Deus, ao colocar os homens e as condições de sua subsistência em comum no mundo, ao mesmo tempo ordenou que os homens utilizassem-se da natureza para o seu próprio benefício. Desta forma:

> E embora todos os frutos que ela naturalmente produz e os animais que alimenta pertençam à humanidade em comum, produzidos que são pela mão espontânea da natureza, e ninguém tenha originalmente um domínio particular sobre eles à exclusão de todo o resto da humanidade, por assim estarem todos em seu estado natural, é, contudo, necessário, por terem sido essas coisas dadas para o uso dos homens, haver um meio de apropriar parte delas de um modo ou de outro para que possam ser de alguma utilidade ou benefício para qualquer homem em particular[108].

he thus appropriated, because he had not the consent of all Mankind to make them his? Was it a Robbery thus to assume to himself what belonged to all in common? If such a consent as that was necessary, Man had starved, notwithstanding the Plenty God had given him." (Locke, *2TG*, §28.)

108. "And though all the Fruits it naturally produces, and Beasts it feeds, belong to Mankind in common, as they are produced by the spontaneous hand of Nature; and no body has originally a private Dominion, exclusive of the rest of Mankind, in any of them, as they are thus in their natural state: yet being given for the use of Men, there must of necessity be a means *to appropriate* them some way or other before can be of any use, or at all beneficial to any particular Man." (Locke, *2TG*, §26.)

99

Não se trata somente de um direito de apropriação. O que o indivíduo se apropria transforma-se imediatamente em um direito de propriedade. Não há mediação entre apropriação e propriedade. A apropriação é entendida como um trabalho humano, mesmo quando não exige a ação transformadora do homem. Tanto *tomar* da natureza quanto *transformar* a natureza são considerados trabalhos que o homem desempenha para dar fundamento à propriedade.

Neste sentido, existe uma similaridade entre a criação do homem por parte de Deus e a transformação das coisas do estado natural em que se encontram que os homens realizam para sua maior conveniência. Assim como o homem é considerado *propriedade* de Deus por ter sido por ele criado, os produtos do trabalho humano também são, analogicamente, propriedade humana[109].

Pois sendo todos os homens artefato de um mesmo Criador onipotente e infinitamente sábio, todos eles servidores de um Senhor soberano e único, enviados ao mundo por Sua ordem e para cumprir Seus desígnios, são propriedade de Seu artífice, feitos para durar enquanto Ele aprouver, e não a outrem[110].

109. "[...] due to the analogy between God and man as makers, anything true of one will be, *ceteris paribus*, true of the other. Since [the doctrine of maker's right] is the explanation of God's dominion over man and of why man is God's 'property', it also explains man's dominion over and property in the products of his making." (James Tully, *A Discourse on Property – John Locke and his Adversaries*, Cambridge, Cambríde University Press, 1980, p. 37.)

110. "For Men being all the Workmanship of one Omnipotent, and infinitely wise Maker; All the Servants of one Sovereign Master, sent into the World by his order and about his business, they are his Property, whose Workmanship they are, made to last during his, not one others pleasure." (Locke, *2TG*, §6.)

A TEORIA DA PROPRIEDADE NO *SEGUNDO TRATADO SOBRE O GOVERNO*

A similaridade entre Deus e o homem está no fato de que, em um sentido, abrangente, os dois são criadores. Claro que Deus pode criar as coisas *ex nihilo*, e o homem somente pode trabalhar sobre materiais já preexistentes[111]. Mas essa criação ou transformação que o homem exerce na natureza através de seu trabalho garante o título de propriedade sobre as coisas, *da mesma forma que Deus tem propriedade sobre os homens*, ou seja, pelo fato de tê-los criado[112].

Mas é preciso, neste momento, redesenhar os estágios da argumentação lockiana para a fundamentação da propriedade privada.

No estado de natureza idealizado tudo é de todos, *res communes*. Nunca existiu uma propriedade que não fosse de alguém, na medida em que todos são vistos como coproprietários. Só existe uma propriedade que pode se dizer ser individual: a propriedade de si mesmo. A esta propriedade ninguém tem direito, exceto o próprio indivíduo.

Esta propriedade de si mesmo, conforme vimos em capítulo anterior, faz do indivíduo proprietário de tudo o que se refere a si; sua liberdade, seu trabalho, seu esforço, sua ação

111. Gopal Sreenivasan, *The Limits of Lockean Rights in Property*, Oxford, Oxford University Press, 1995, p. 75.

112. "The salient conclusion which emerges from this discussion is that making is an activity with an essentially intellectual dimension. Anyone who is not an intellectual being, therefore, is incapable of making anything. (I, 30, 40) [...] Given that it is the activity of making which gives rise to property, then since it is a requirement of being able to make anything that one has an intellectual nature, it follows that anyone who lacked an intellectual nature would be incapable of owning property." (Sreenivasan, *op. cit.*, p. 65.) Tudo se passa como se quem não pudesse raciocinar, não pudesse possuir.

LIBERALISMO E NATUREZA. A PROPRIEDADE EM JOHN LOCKE

produtiva e transformadora. "O *trabalho* de seu corpo e a *obra* de suas mãos, pode-se dizer, são propriamente dele." O homem, à semelhança de Deus, cria ou transforma coisas. Ao transformar uma coisa, ela se torna outra. Tornando--se outra, ela se torna propriedade de quem a transformou. A coisa é incorporada materialmente ao indivíduo. A aquisição de objetos para a subsistência pela ação de *tomar* da natureza é considerada *trabalho* por Locke.

O fruto ou a caça que alimenta o *índio* selvagem, que desconhece o que seja um lote e é ainda possuidor em comum, deve ser dele, e de tal modo dele, ou seja, parte dele, que outro não tenha direito algum a tais alimentos, para que lhe possam ser de qualquer utilidade no sustento de sua vida[113].

Como vimos no item Propriedade e Razão, a ação de tomar objetos da natureza para a subsistência humana é perfeitamente racional, já que o homem não poderia perecer em meio à abundância que a natureza proporciona. Deve existir, portanto, uma maneira racional pela qual o homem possa se apropriar das coisas da natureza, sem o consentimento de todos, para a manutenção de sua subsistência.

Aquele que se alimenta das bolotas que apanha debaixo de um carvalho ou das maçãs que colhe nas árvores do bosque com certeza delas apropriou-se para si mesmo. Ninguém pode negar que o alimento lhe pertença. Pergunto então quando passou a pertencer-lhe: quando o digeriu? Quando o comeu? Quando o ferveu? Quando o

---

113. "The Fruit, or Venison, which nourishes the wild *Indian*, who knows no Inclosure, and is still a Tenant in common, must be his, and so his, *i. e.* a part of him, that another can no longer have any right to it, before it can do him any good for the support of his Life." (Locke, *2TG*, §26.)

102

A TEORIA DA PROPRIEDADE NO *SEGUNDO TRATADO SOBRE O GOVERNO*

levou para casa? Ou quando ele o apanhou? Fica claro que, se o fato de colher o alimento não o fez dele, nada mais o faria. Aquele *trabalho* imprimiu uma distinção entre esses frutos e o comum, acrescentando-lhes algo mais do que a natureza, mãe comum de todos, fizera; desse modo, tornaram-se direito particular dele[114].

O argumento lockiano para a legitimidade da propriedade privada é um argumento composto por duas partes interdependentes. Uma parte do argumento visa a entender que a apropriação, mesmo no contexto de um original comunismo, não necessita do consentimento de ninguém, desde que materiais suficientes sejam efetivamente deixados para qualquer um produzir sua própria subsistência. A segunda parte do argumento, que veremos agora, é a de que o homem trabalha para a apropriação.

Tudo se passa como se a ação de retirar algo do estado em que se encontra na natureza *misturasse* trabalho a este objeto que passou por um processo de individuação. Este trabalho, seja de tomar da natureza, transformar ou criar, estabelece um direito natural sobre a coisa, pois é como se essa coisa se *incorporasse* ao indivíduo. Esse direito natural é o direito à propriedade privada. Nozick, neste sentido, pergunta: "Por que mis-

---

114. "He that is nourished by Acorns he pickt up under an Oak, or the Apples he gathered from the Trees in the Wood, has certainly appropriated them to himself. No Body can deny but the nourishing is his. I ask then, When did they begin to be his? When he digested? Or when he eat? Or when he boiled? Or when he broght them home? Or when he pickt them up? And 'tis plain, if the first gathering made them not his, nothing else could. That *labour* put a distinction between them and commom. That added something to them more than nature, the commom Mother of all, had done; and so they became his private right." (Locke, *2TG*, §28.)

103

LIBERALISMO E NATUREZA. A PROPRIEDADE EM JOHN LOCKE

turar nosso trabalho com alguma coisa nos torna proprietário dela?"[115] E responde:

> Talvez porque possuímos nosso próprio trabalho, de modo que passamos a possuir uma coisa antes sem dono que é saturada com aquilo que possuímos. A propriedade infiltra-se no resto. [...] Talvez a ideia, em vez disso, seja que trabalhar em alguma coisa melhora-a e a torna mais valiosa e todos têm direito a possuir uma coisa cujo valor eles criaram[116].

Porém, assim como o trabalho será o fator distintivo que dará o título de propriedade a um indivíduo, ele será – para os demais indivíduos que não trabalharam para a modificação deste objeto do estado natural – o fator que os excluirá.

Os objetos da natureza, retirados de sua condição natural através do trabalho do homem, transformam-se em sua propriedade, porque o homem *mistura* a eles algo que é somente seu. "Por ser esse *trabalho* propriedade inquestionável do trabalhador, homem nenhum além dele pode ter direito àquilo que a esse *trabalho* foi agregado, pelo menos enquanto houver bastante e de igual qualidade deixada em comum para os demais"[117].

A ressalva que encontramos na citação de Locke acima, "enquanto houver bastante e de igual qualidade deixada em comum para os demais" será devidamente analisada no item subsequente, Os Limites da Propriedade. O que precisamos

115. Nozick, *op. cit.*, p. 194.

116. *Idem, ibidem.*

117. "For this *Labour* being the inquestionable Property of the Labourer, no Man but he can have a right to what that is once joyed to, at least where there is enough, and good left in common for others." (Locke, *2TG*, §27.)

A TEORIA DA PROPRIEDADE NO *SEGUNDO TRATADO SOBRE O GOVERNO*

agora é mostrar como *o argumento sobre a propriedade privada sobre os objetos da terra foi estendido para a própria terra* no capítulo V do *Segundo Tratado*. Afirma Locke:

> Mas, sendo agora a *principal questão da propriedade* não os frutos da terra e os animais que destes subsistem, e sim *a própria terra*, como aquilo que tem em si e carrega consigo todo o resto, creio que está claro que, também neste caso, a *propriedade* é adquirida como no caso anterior[118].

Será a *extensão* de terra que um homem pode arar, plantar, melhorar e cultivar, ou seja, o tanto que um homem possa trabalhar, que constituirá a sua propriedade. Locke argumentará que a apropriação da terra mediante a melhoria desta através do trabalho não poderia ser prejudicial a qualquer outro homem, uma vez que ainda restasse bastante e de boa qualidade para os demais[119]. O argumento, nesse caso, é simples. Ao deixar terras bastantes e de boa qualidade para os demais, o indivíduo estaria agindo como se não houvesse tomado absolutamente nada.

Ninguém poderia julgar-se prejudicado pelo fato de outro homem beber, mesmo que tenha tomado um bom gole, se houvesse todo um rio da mesma água sobrando para saciar sua sede. E o caso da terra e da água, quando há bastante de ambos, é perfeitamente o mesmo[120].

---

118. "But the *chief matter of Property* being now not the Fruits of the Earth, and the Beasts that subsist on it, but the *Earth it self*; as that which takes in and carries with it all the rest: I think it is plain, that *Property* in that too is acquired as the former." (Locke, *2TG*, §32.)

119. Veremos essas ressalvas no item Limites da Propriedade.

120. "No Body could think himself injur'd by the drinking of another

LIBERALISMO E NATUREZA. A PROPRIEDADE EM JOHN LOCKE

Tratar ou cultivar a terra e ter domínio sobre ela estão intimamente ligados. Uma coisa dá título à outra. Deus, ao ordenar o cultivo, deu com isso autorização para a *apropriação*. "E a condição da vida humana, que requer trabalho e materiais com os quais trabalhar, introduz necessariamente a *propriedade particular*"[121].

Assim, a mesma regra de propriedade segundo a qual cada homem deve ter quanto possa usar estaria ainda em vigor no mundo, sem prejuízo para ninguém, conquanto existisse terra o bastante para todos os habitantes. A invenção do dinheiro, conforme veremos em outro capítulo, e o acordo tácito dos homens no sentido de acordar-lhe um valor acabam por estabelecer – por consenso – posses maiores e um direito a essas.

Locke introduz o argumento de que a apropriação é benéfica para os homens porque aumenta as reservas da humanidade. Neste sentido:

Ao que eu gostaria de acrescentar que aquele que se apropria da terra mediante o seu próprio trabalho não diminui, mas aumenta as reservas comuns da humanidade, pois as provisões que servem ao sustento da vida humana produzidas por um acre de terra cercada e cultivada são (para falar moderadamente) dez vezes maiores que as que rende um acre de terra inculta de igual riqueza[122].

Man, though he took a good Draugh, who had a whole River of the same Water left him to quench his thirst. And the Case of Land and Water, where there is enough of both, is perfectly the same." (Locke, *2TG*, §33.)

121. "And the Condition of Humane Life, which requires Labour and materials to work on, necessarily introduces *private possessions*." (Locke, *2TG*, §35.)

122. "To which let me add, that he who appropriates land to himself by his labour, does not lessen but increase the common stock of mankind. For the provisions serving to the support of Humane Life, produced by

A América aqui é encarada mais uma vez como um exemplo. Apesar de ser rica em terras disponíveis, por não ter seu solo melhorado pelo trabalho, não tem "um centésimo das conveniências" de que desfrutam os ingleses. E pode se dizer que "o rei de um território largo e fértil de lá alimenta-se, veste-se e mora pior que um trabalhador diarista na *Inglaterra*"[123].

A relação entre trabalho e valor será analisada oportunamente, contudo é a introdução do dinheiro que mudará a concepção de terra disponível para todos que Locke advoga no começo do estado de natureza. Nesse caso, será racional a acumulação de dinheiro em troca de uma menor quantidade de terra. Mas antes de ver essa característica artificial, que é incorporada à concepção de propriedade, vamos analisar no capítulo seguinte os limites naturais da propriedade.

3.5. LIMITES DA PROPRIEDADE

A partir de dois postulados, o de que os homens têm direito à conservação de suas vidas e o de que o trabalho de um homem é propriedade sua, Locke justifica a apropriação individual dos produtos da terra, que foram originalmente dados em comum à humanidade. No entanto essa apropriação, conforme descrita no início do capítulo V do *Segundo Tratado*, não pode ser desmedida. Os limites da propriedade, que são dados pela lei da natureza, são uma extensão da ideia de que liberdade não significa licenciosidade e de que cada homem, quando sua própria preservação não estiver em jogo, deve preservar o

one acre of inclosed and cultivated land, are (to speak much within compasse) ten times more, than those, which are yelded by an acre of Land, of an equal richnesse, lyeing wast in common." (Locke, *2TG*, §37.)

123. "And a King of a large and fruitful Territory there feeds, lodges, and is clad worse than a day Labourer in *England*." (Locke, *2TG*, §41.)

LIBERALISMO E NATUREZA. A PROPRIEDADE EM JOHN LOCKE

resto da humanidade[124]. Neste contexto inicial, a propriedade privada existe dentro de uma moldura de limitações naturais, ou, o que é o mesmo para o filósofo, limitações racionais. Desta maneira, a mesma lei da natureza que, pela apropriação e trabalho, fornece-nos a propriedade também limita essa propriedade[125].

A apropriação individual tem, expressamente no texto lockiano, duas limitações:

1. Só se pode apropriar até onde se deixe o bastante e de igual qualidade para os outros (limitação de suficiência)[126].

2. Tudo de que a pessoa possa se utilizar antes que se destrua, se desperdice. O que for além disso é mais do que o seu quinhão e, portanto, pertence aos outros. Assim, o comércio de excedentes perecíveis é permitido, contanto que algo não perecesse nas mãos do apropriador (limitação de desperdício)[127].

124. "But though this be a *State of liberty*, yet it is *not a State of Licence* [...] Every one as he is *bound to preserve himself*, and not quit his Station wilfully; so by the like reason when his own Preservation comes not in competition, ought he, as much as he can, *to preserve the rest of Mankind*, and may not unless it be to do Justice on an Offender, take away, or impair the life or what tends to the Preservation of the Life, the Liberty, Health, Limb or Goods of another." (Locke, *2TG*, §6.)

125. "The same Law of Nature, that does by this means give us Property, does also *bound* that *Property* too." (Locke, *2TG*, §31.)

126. "For this Labour being unquestionable Property of the Labourer, no Man but he can have a right to what that is once joyned to, at least where there is enough, and as good left in common for others." (Locke, *2TG*, §27.)

127. "Nothing was made by God for Man to spoil or destroy." (Locke, *2TG*, §31.); "But if either the Grass of his Inclosure rotted on the Ground, or the Fruit of his planting perished without gathering, and

108

A limitação da suficiência entra no argumento lockiano para resolver o problema do consenso. Uma apropriação que preservasse aos outros o mesmo direito aos meios de sua própria subsistência não prejudicaria ninguém e, assim, não propiciaria nenhuma base para reclamação. A satisfação do limite da suficiência explica por que, em um contexto de original comunismo, o consentimento de cada coproprietário não é requerido para se estabelecer uma propriedade individual[128].

A limitação do desperdício é baseada na ideia de usufruto. O homem tem direito de usufruir dos objetos da terra, e da própria terra, desde que o faça antes que se estrague ou se destrua. Segundo o filósofo, nada foi feito por Deus para que o homem estrague ou destrua. A natureza foi dada aos homens para o uso diligente e racional. Desperdiçar o que a natureza nos provém é atentar contra os desígnios divinos e contra a própria razão.

Desta forma, no início do estado de natureza, "o direito e a conveniência andavam juntos", pois o homem tinha direito a tudo em que pudesse empregar seu trabalho, e, por isso, não tinha a tentação de trabalhar para obter além do que pudesse usar[129].

---

laying up, this part of the Earth, notwithstanding his inclosure, was still to be looked on as Waste, and might be the possession of any other." (Locke, *2TG*, §38.)

128. Sreenivasan, *op. cit.*, pp. 48 e 111.

129. "Right and conveniency went together; for as a Man had a Right to all he could imploy his Labour upon, so he had no temptation to labour for more than he could make use of. This left no room for Controversie about the Title, nor for Incroachment on the Right of others; what Portion a Man carved to himself, was easily seen; and it was useless as well as dishonest to carve himself too much, or take more than he needed." (Locke, *2TG*, §51.)

LIBERALISMO E NATUREZA. A PROPRIEDADE EM JOHN LOCKE

Bobbio e Macpherson sustentam que haveria outro limite à propriedade privada implícito na teoria lockiana, a saber, a capacidade para o trabalho. Seguindo essa orientação, a extensão da apropriação legítima da propriedade parece estar limitada à capacidade de trabalho do homem: a labuta de seu corpo, o trabalho de suas mãos. O homem só tem direito de propriedade sobre aquilo que efetivamente *misturou* seu próprio esforço.

Além deste terceiro limite implícito, Bobbio sustenta a existência de um quarto limite implícito: a morte do trabalhador. O trabalho é uma ação estritamente pessoal e, em Locke, está ligado à propriedade de si mesmo. "Se devessem ser de minha propriedade apenas os bens que transformo com o meu trabalho, a consequência lógica é que, como a propriedade nasce do esforço do trabalho, está destinada a terminar quando ele falta, ou seja, com a morte do proprietário-trabalhador"[130]. De acordo com esta argumentação, os bens adquiridos pelo trabalho pessoal, findo o trabalho, deveriam retornar à comunidade, ou seja, voltar a ser *res communes*, como eram antes do processo de individuação.

Em resumo: Qualquer homem tem direito, conforme esses argumentos, de se apropriar somente de um tanto que deixe "bastante e tão bom" para os outros, "tanto quanto dela possa utilizar os produtos", tanto quanto tenha misturado seu trabalho e tanto consiga trabalhar durante sua própria vida.

O capítulo sobre a propriedade é geralmente lido como o direito de propriedade pode ser derivado da própria vida e trabalho do homem. É visto, normalmente, como a explicitação do que havia sido dito no começo do *tratado*: que todo homem tem direito à propriedade "dentro dos limites da lei da

---

130. Bobbio, *op. cit.*, p. 202.

A TEORIA DA PROPRIEDADE NO *SEGUNDO TRATADO SOBRE O GOVERNO*

natureza". Mas, conforme defende Macpherson, na verdade, o capítulo sobre a propriedade de Locke faz algo muito mais importante: ele remove "os limites da lei da natureza" ao direito natural do indivíduo à propriedade. O assombroso feito de Locke teria sido basear o direito de propriedade no direito natural e na lei natural e, depois, remover todos os limites da lei natural do direito de propriedade[131].

Bobbio, seguindo a argumentação de Macpherson, afirma sobre esse cientista político:

[...] que pôs em evidência, de modo que me parece incontestável, o individualismo extremo da teoria econômica de Locke – algo bem diferente do seu alegado socialismo –, mostrando que, no pensamento jurídico e econômico do filósofo, justamente com respeito ao problema da propriedade, fazem sua aparição triunfal a teoria da acumulação capitalista ilimitada e a defesa da sociedade burguesa, que vive e prospera do trabalho alienado. A análise de Macpherson focaliza, com habilidade, o claro contraste, na teoria da propriedade de Locke, entre os limites da propriedade – melhor dizendo, da acumulação – que deveriam ser inerentes a ela própria e da propriedade que se baseia no trabalho, bem como a superação de tais limites como de fato ocorre na sociedade real descrita pelo cientista político[132].

Macpherson alega que Locke, apesar de basear o direito de propriedade na lei natural, acabou por subtrair os limites da lei da natureza (a limitação do desperdício, a limitação da suficiência e a limitação do trabalho) do próprio direito de propriedade, transformando-o em um direito sem restrições. O curioso, neste caso, é perceber como o direito de propriedade, que no

131. Macpherson, *op. cit.*, pp. 210-211.
132. Bobbio, *op. cit.*, pp. 197-198.

LIBERALISMO E NATUREZA. A PROPRIEDADE EM JOHN LOCKE

estágio final do estado de natureza é irrestrito, entra e fundamenta o sistema normativo positivo instituído com o governo civil. A defesa do direito de propriedade como um direito natural irrestrito serviu de base para uma concepção de Estado liberal capitalista, cujo fim último é a proteção da propriedade.

A transição do direito limitado para o direito ilimitado é enunciada pela primeira vez no parágrafo 36 do *Segundo Tratado*: trata-se da invenção do dinheiro e o tácito acordo entre os homens no sentido de acordar-lhe um certo valor. "E assim como os diferentes graus de esforço lograram conferir aos homens posses em proporções diferentes, essa *invenção do dinheiro* deu-lhes a oportunidade de continuá-las e aumentá-las"[133].

Neste sentido, a introdução do dinheiro como uma abstração para favorecer as trocas comerciais, ao mesmo tempo em que permitia, segundo Locke, transações comerciais mais complexas, permitia também, na visão do próprio autor, o acúmulo de riquezas. É de se notar, que a invenção do dinheiro não aparece no estado civil, mas sim em um último estágio de desenvolvimento do estado de natureza, que pode ser confundido com um mercado[134]. Em outras palavras, o mercado teria

133. "And as different degrees of Industry were apt to give Men Possessions in different Proportions, so this *Invention of Money* gave them the opportunity to continue and enlarge them." (Locke, *2TG*, §48.)

134. Discordamos aqui da posição sobre o assunto do professor José Reinaldo de Lima Lopes que diz, na página 194 de seu *O Direito na História*, o seguinte: "A invenção da moeda liberou a propriedade dos limites do estado de natureza e a partir daí já não cabe falar na propriedade natural, pois torna-se possível acumular, *coisa que inexistiria no estado de natureza*" (grifo nosso). Nos parece que o grande feito de Locke foi justamente o de imaginar um estado de natureza inicial, sem desigualdades de cunho econômico e posteriormente em um estágio mais avançado *do mesmo estado*, permitir o acúmulo de moeda.

112

aparecido antes da organização do próprio Estado, se levarmos às últimas consequências as afirmações de Locke[135].

A introdução do uso do dinheiro por consentimento tácito removeu as anteriores limitações naturais à apropriação legítima e, assim fazendo, invalidou os pré-requisitos de que cada qual deveria ter tanto quanto pudesse utilizar desde que deixasse "bastante e tão bom" para os outros e tanto quanto tenha misturado seu trabalho.

Vamos acompanhar os argumentos de Macpherson e Bobbio, comentadores de diferentes posições políticas, mas que chegam a conclusões semelhantes sobre a transcendência das limitações autoimpostas por Locke para a legítima apropriação.

Comecemos pela limitação do desperdício. Esta limitação à apropriação, destacada por Locke, é transcendida pela introdução do dinheiro: o ouro e a prata não se desperdiçam e, portanto, o indivíduo pode legitimamente acumulá-los em quantidades ilimitadas. Essa limitação transcendida estende-se até a própria terra. Um homem pode, legitimamente, possuir mais terra do que aquele de cujo produto ele poderia fazer uso, recebendo em troca, pelos excedentes, ouro e prata, que podem ser armazenados sem causar dano a ninguém, já que esses metais não se deterioram nem se desperdiçam nas mãos do possuidor.

É uma atitude racional do homem buscar a acumulação, o que favorece o comércio. Segundo Macpherson, Locke identifica dinheiro ao capital e associa ambos à terra. O dinheiro é uma mercadoria; tem valor porque é uma mercadoria que pode entrar na permuta com outras mercadorias[136]. "A finalidade ca-

135. "The use of money may come about before the establishment of civil society." (Thomas, *op. cit.*, p. 103.)

136. Macpherson, *op. cit.*, p. 217.

LIBERALISMO E NATUREZA. A PROPRIEDADE EM JOHN LOCKE

racterística do dinheiro, é servir como capital. A própria terra, Locke vê como meramente uma forma de capital"[137].

O que Locke teria feito, portanto, seria mostrar que o dinheiro tornou possível, racional e justo, um homem acumular mais terras do que aquelas cujos frutos poderia se utilizar antes que se desperdiçassem. O limite da lei natural não é expressamente negado. Ainda é contrário à lei natural apropriar uma quantia de produtos, dos quais, qualquer um (ou qualquer das outras coisas que com eles possam ser obtidas por troca) se estraguem antes de serem consumidos.

Mas agora, que é possível trocar qualquer quantidade de produto por capital ativo, que nunca deteriora, não é injusto nem insensato acumular qualquer quantidade de terra, de modo a fazê-la produzir um excedente que possa ser convertido em dinheiro e usado como capital. A limitação de desperdício imposta pela lei natural foi tornada sem efeito respectivamente à acumulação de terras e de capital. Locke justificou a apropriação especificamente capitalista de terra e do dinheiro[138].

Macpherson sustenta que há dois níveis de consentimento na teoria de Locke. Um é o consentimento entre homens iguais, livres e racionais, no estado de natureza, que atribui valor ao dinheiro e que vem acompanhado da aceitação convencional da obrigatoriedade dos contratos. Outro seria o consentimento que estabelece a sociedade civil. As dificuldades oriundas do primeiro consentimento é que trazem a necessidade do segundo consentimento. "A sequência temporal envolve ao todo, três fases: duas fases do estado de natureza (uma antes e uma

137. *Idem*, p. 218.
138. *Idem*, pp. 119-120.

A TEORIA DA PROPRIEDADE NO *SEGUNDO TRATADO SOBRE O GOVERNO*

depois do consentimento ao dinheiro e às posses desiguais), seguidas pela sociedade civil"[139].

Passemos à limitação da suficiência. Ela é aquela que diz que toda a apropriação individual deve deixar bastantes e tão bons objetos da natureza ou terras para os outros.

O argumento para a anulação desta limitação, encontrado na própria interpretação das afirmações de Locke no capítulo V do *Segundo Tratado*, é o seguinte: aquele que se apropria da terra por seu próprio trabalho não diminui o estoque comum da humanidade, mas o aumenta. Tudo se passa como se a produtividade da terra apropriada compensasse a falta de terras para os outros. Um diarista na Inglaterra, apesar de não ter terra, vive muito melhor do que se vivesse em territórios infrutíferos das Américas[140]. A apropriação, desta maneira, assume uma virtude positiva.

A apropriação de terras, em quantidade tal que não deixe tantas nem tão boas para os outros, é justificada tanto pelo consentimento tácito dado implicitamente às consequências inevitáveis da adoção do dinheiro, como pela afirmativa de que os padrões dos que não têm terra, onde estas estão todas apropriadas e utilizadas, são mais elevados do que os padrões de quaisquer outros, em qualquer lugar onde a terra não esteja generalizadamente apropriada.

O homem teria racionalmente aceitado trocar uma quantidade de terra que seria sua pelo dinheiro, que é material imperecível, que não se deteriora, nem se desperdiça.

---

139. *Idem*, p. 222.

140. "For I aske whether in the wild woods and uncultivated wast of America left to Nature, without any improvement, tillage or husbandry, a thousand acres will yeld the needy and wretched inhabitants as many conveniences of life as ten acres of equally fertile land doe in Devonshire where they are well cultivated?" (Locke, *2TG*, §37.)

Isso tudo porque a afirmação do limite da suficiência não foi feita de modo absoluto. É apenas no contexto da terra ainda à vontade que Locke faz a limitação. A afirmação de que todos os homens têm direito à subsistência e, portanto, à apropriação é modificada logo que se introduz a figura do dinheiro.

Segundo Bobbio:

Locke não hesita em reconhecer que, com a introdução da moeda, os homens conquistaram uma "coisa duradoura [...] que podiam guardar sem que se deteriorasse", isto é, podemos acrescentar, permitiram uma acumulação potencialmente sem limites, que é uma das características determinantes da concepção capitalista da propriedade[141].

Passemos à pressuposta limitação do trabalho. Essa limitação implícita é superada quando se pensa que todo homem tem a possibilidade, advinda do direito natural, de alienar o próprio trabalho em troca de salário. Macpherson, aqui, faz uma de suas suposições sobre as proposições implícitas no trabalho de Locke. "O trabalho assim vendido, torna-se propriedade do comprador, que então tem direito a se apropriar do produto desse trabalho"[142]. Locke afirma:

Desse modo, o pasto que meu cavalo comeu, a relva que meu servidor cortou e o minério que retirei da terra em qualquer lugar onde eu tenha direito a ele em comum com os outros homens tornam-se minha *propriedade*, sem a cessão ou consentimento de quem quer que seja[143].

141. Bobbio, *op. cit.*, p. 200.

142. Macpherson, *op. cit.*, p. 227.

143. "Thus the Grass my Horse has bit; the Turfs my Servant has cut; and the Ore I have digg'd in any place where I have a right to them

A TEORIA DA PROPRIEDADE NO *SEGUNDO TRATADO SOBRE O GOVERNO*

Torna-se assim pacífico, segundo Bobbio, que Locke, ao falar de trabalho, inclui o trabalho alienado, a tal ponto que, em certas passagens, como na acima destacada, não estabelece qualquer diferença, com relação aos resultados, entre o trabalho do proprietário e o dos seus empregados[144].

É preciso perceber que, nesse caso, supor-se-ia que Locke admitiria a relação salarial no próprio estado de natureza. Neste sentido, Macpherson:

> Para Locke, então, uma economia comercial em que toda a terra está apropriada, implicava na existência de trabalho assalariado. E já que Locke estava reinterpretando no estado de natureza as relações de mercado de uma economia comercial desenvolvida, o pressuposto é de que estava reinterpretando a relação salarial juntamente com outras relações de mercado[145].

A própria relação entre estado de natureza e governo civil já auxilia a entender a relação salarial no estado de natureza. O acordo para instituir a sociedade civil não cria novos direitos naturais, assim, da mesma forma que a desigualdade de propriedades no estado de natureza estava legitimada, Locke deveria estar supondo que a alienação do próprio trabalho era um direito natural. O direito à vida no estado de natureza é diversas vezes repetido por Locke, porém o direito à propriedade também. Ora, se o trabalho é uma propriedade que o indivíduo tem, ele teria todo o direito (natural) de aliená-lo no estado de natureza. O trabalho já é visto por Locke, no estado de natureza, como uma mercadoria!

in common with others, become my *property*, without the assignation or consent of any body." (Locke, *2TG*, §28.)

144. Bobbio, *op. cit.*, p. 202.

145. Macpherson, *op. cit.*, p. 229.

A remoção das duas limitações iniciais, que Locke reconheceu explicitamente, tornou a sua teoria da propriedade, no todo, uma justificação do direito natural, não apenas à propriedade desigual, mas a uma apropriação individual ilimitada. A insistência em que o indivíduo é proprietário de si mesmo é a raiz da sua justificação. Pois insistir que o trabalho do indivíduo lhe pertence não é apenas dizer que é seu para aliená-lo por contrato de trabalho, é também dizer que seu trabalho e a sua produtividade são algo pelo qual ele não fica em débito com a sociedade civil.

O quarto limite implícito à propriedade, que somente podemos encontrar nos comentários de Bobbio, também parece ser deixado de lado por Locke. Este limite é superado quando Locke afirma ser a sucessão hereditária um direito natural, conforme vimos no capítulo "A Propriedade no *Primeiro Tratado sobre o Governo*". Não é mais necessário ter trabalhado para se ter uma propriedade, basta ser descendente legítimo de quem trabalhou antes em seu lugar. O parágrafo 190 do *Segundo Tratado* é esclarecedor:

> Todo homem nasce com um duplo direito: *em primeiro lugar, o direito à liberdade de sua pessoa*, sobre a qual ninguém mais tem nenhum poder, cabendo a ele dispor de si como quiser. *Em segundo lugar, um direito*, acima de qualquer outro homem, a *herdar*, com seus irmãos, os bens de seu pai[146].

Nozick, por seu turno, fará também uma crítica às limitações da propriedade de Locke, tentando mostrar, do ponto de

---

146. "Every Man is born with a double Right: *First, A Right of Freedom to his Person*, which no other Man has a power over, but the free Disposal of it lies in himself. *Secondly, A Right*, before any other Man, to *inherit*, with his Brethren, his Fathers Goods." (Locke, *2TG*, §190.)

A TEORIA DA PROPRIEDADE NO *SEGUNDO TRATADO SOBRE O GOVERNO*

vista lógico, como elas não podem funcionar. Ocorre que Nozick estabelecerá sua crítica em um registro completamente diferente do de Macpherson e Bobbio, que enxergavam na teoria dos limites da propriedade de Locke uma negativa aceitação da acumulação capitalista sem limites. No caso de Nozick, a insuficiência das limitações à propriedade lockiana, significará, para este autor, mais uma maneira de se justificar a necessidade, justa, de um sistema que preserve a propriedade privada ilimitada e de um Estado mínimo.

Nozick considerará a limitação da suficiência (deixar tanto e tão bom em comum para os demais) como uma limitação forte, e a limitação do desperdício como uma limitação fraca, decorrente da primeira.

O autor assim procede em sua argumentação[147]. Consideremos a primeira pessoa Z para quem não há o suficiente e tão bom para que se aproprie. A última pessoa Y a apropriar-se deixou Z sem sua liberdade anterior de apropriar-se de algo e, assim, piorou-lhe a situação. Mas a pessoa Y, por seu turno, também teve sua liberdade de escolha limitada pela apropriação de uma pessoa X que se apropriou de algum objeto ou de terra antes dela. Seguindo a afirmação de Locke, ninguém pode se apropriar de objetos ou terra, a não ser que deixe tanto e tão bom para os demais. Ora, retrocedendo até uma primeira figura A, teremos que a primeira apropriação, logicamente, já não deixava bastante e tão bom para os demais. E, no entanto, estabeleceu-se um direito de propriedade permanente.

Nozick tenta assim demonstrar, do ponto de vista lógico, como a limitação da suficiência de Locke pode ser facilmente derrubada em prol de um sistema de apropriação que seja real-

---

147. Nozick, *op. cit.*, p. 195.

LIBERALISMO E NATUREZA. A PROPRIEDADE EM JOHN LOCKE

mente ilimitado e garanta a propriedade privada. "Será tornada pior a situação de pessoas que não podem se apropriar de alguma coisa (não havendo mais objetos acessíveis e úteis não possuídos por alguém) por um sistema que permita a apropriação e a propriedade permanente?"[148]

Sua argumentação é de que o sistema de propriedade privada traz ganhos sociais bem definidos. Em primeiro lugar, esta aumenta o produto social, pondo os meios de produção nas mãos de quem pode torná-la mais eficiente e lucrativa. Além disso, a experimentação é estimulada. A propriedade privada também permite às pessoas decidirem que tipo de risco desejam correr, protege as pessoas do futuro (através da acumulação) etc.

Essas considerações entram em uma teoria lockiana para sustentar a alegação de que a apropriação da propriedade privada satisfaz à intenção por trás da condição "o suficiente e tão bom", mas *não* como justificação utilitarista da propriedade. Ingressam elas na teoria para refutar a alegação de que, porque a condição é violada, nenhum direito natural à propriedade pode surgir através de um processo lockiano[149].

O limite da suficiência é, assim, ultrapassado pelos argumentos de Nozick, que chegará à conclusão de que o direito de propriedade lockiano é ilimitado, mas isso não corresponde a nenhuma injustiça (veremos melhor isto no item Propriedade e Justiça). Isto traz consequências também para o tipo de Estado que Nozick prega, no limite, uma modernização do Estado lockiano. Segundo o comentarista político, "o Estado mínimo é o mais extenso que se pode justificar. Qualquer outro mais

148. *Idem*, p. 196.
149. *Idem*, p. 197.

amplo viola direitos da pessoa"[150]. Essa é uma afirmação que poderia ressoar a uma ideia lockiana, em que o Estado aparece apenas para garantir os direitos naturais que o indivíduo já possui em estado de natureza.

3.6. TRABALHO E VALOR

O trabalho, na teoria da propriedade de Locke, não dá apenas o "título de propriedade" sobre as coisas apropriadas. Segundo o filósofo, o trabalho estabelece a *diferença de valor de cada coisa*. Assim Locke exemplifica no parágrafo 40 do *Segundo Tratado*:

> Considere alguém qual a diferença entre um acre de terra em que se plantou tabaco e açúcar, semeou-se trigo ou cevada, e um acre da mesma terra em comum, sem cultivo algum, e verá que a melhoria do *trabalho* forma, de longe, a maior parte do *valor*. Penso que seria um cálculo bem modesto dizer que, dos *produtos* da terra úteis para a vida do homem, 9/10 *decorrem do trabalho*; ainda mais, se estimarmos corretamente as coisas como chegam para o nosso uso e computarmos as diversas despesas que nelas há, tanto o que nelas é puramente devido à *natureza* e o que decorre do *trabalho*, verificaremos que na maioria delas 99/100 serão devidos ao *trabalho*[151].

---

150. *Idem*, p. 170.

151. "[...] and let any one consider, what the difference is between an Acre of Land planted with Tobacco, or Sugar, sown with Wheat or Barley; and an Acre of the same Land lying in common, without any Husbandry upon it, and he will find, that the improvement of *labour* makes the far greater part of *the value*. I think it will be but a very modest Computation to say, that of the *Products* of the Earth useful to the Life of Man 9/10 are the *effects of labour*: nay, if we will rightly estimate things as they come to our use, and cast up several Expenses about them, what in them is

LIBERALISMO E NATUREZA. A PROPRIEDADE EM JOHN LOCKE

O valor das coisas, seja da própria terra ou de seus frutos, "advém do esforço humano". A concepção segundo a qual o trabalho provoca diferença de valor sobre tudo que existe[152] pode ser considerada, em certa medida, como precursora da teoria do valor-trabalho, desenvolvida posteriormente pelos economistas Adam Smith e David Ricardo do liberalismo clássico. Um momento de emancipação do econômico sobre o político[153].

Não é à toa que a concepção de propriedade de Locke ficou conhecida como uma teoria do valor trabalho[154], não obstante Locke ter uma concepção de valor como valor de uso, não como valor de troca, conforme a teoria da economia política clássica consagrou. Neste sentido: "Para deixar isso um pouco mais claro, acompanhemos em suas várias alterações algumas das várias provisões ordinárias da vida antes que cheguem para o nosso uso, e vejamos quanto de seu *valor advém do esforço humano*"[155].

Hannah Arendt, em *A Condição Humana*, argumenta sobre a concepção de trabalho na Era Moderna:

[...] e a noção aparentemente blasfema de Marx de que o trabalho (e não Deus) criou o homem, ou de que o trabalho (e não a

purely owing to *Nature*, and what to *Labour*, we shall find, that in most of them 99/100 are wholly to be put on the account of *labour*." (Locke, *2TG*, §40.)

152. "For 'tis *Labour* indeed that *puts the difference of value* on every thing [...]". (Locke, *2TG*, §40.)

153. Nodari, *op. cit.*, p. 131.

154. Cf. Sreenivasan, *op. cit.*, p. 32.

155. "To make this a little clearer, let us but trace some of the ordinary provisions of Life, through their several progresses, before they come to our use, and see how much they receive of their *value from Humane Industry*." (Locke, *2TG*, §42.)

razão) distingue o homem dos outros animais, era apenas a formulação mais radical e coerente de algo com que toda a era moderna concordava[156].

A filósofa tem suas razões ao afirmar o trabalho como o instrumento diferencial entre os homens e os animais na Era Moderna. Porém ela acaba por afirmar que, no limite, o trabalho, e não a razão, compunha este fator distintivo, e isto seria algo "com que toda a era moderna concordava". No que diz respeito a Locke, no entanto, trabalho e razão constituem-se em um mesmo movimento, desde que a lei da natureza nos providenciou, ao mesmo tempo, as nossas necessidades de subsistência e as formas de suprir essas necessidades.

O que a Era Moderna faz, nos parece, é, ao colocar o trabalho como fator distintivo, assegurar que os indivíduos que trabalham de maneira diligente e racional tenham consequentemente direito sobre a propriedade oriunda deste trabalho. É a legitimação da propriedade privada como um direito (um direito natural no caso de Locke) que está em jogo nas teorias do valor-trabalho.

Na verdade, porém, a diferença de valor que o trabalho proporciona não está na mera subsistência humana, mas sim no aprimoramento dos objetos que nos são dados pela natureza.

Pois aquilo que no *pão* vale mais que as bolotas, no *vinho* mais que na água e no *vestuário* ou na *seda* mais que nas folhas, peles ou musgo é *inteiramente devido ao trabalho* e ao esforço, sendo uns o alimento e o agasalho que a natureza sem assistência nos fornece, e outros as provisões que nosso esforço prepara para nós, e aquele que calcular o quanto estas

---

156. Hannah Arendt, *A Condição Humana*, Rio de Janeiro, Editora Forense Universitária, 2007, p. 97.

LIBERALISMO E NATUREZA. A PROPRIEDADE EM JOHN LOCKE

excedem àquelas em valor verá que *o trabalho forma a maior parte do valor das coisas* de que desfrutamos neste mundo[157].

Sendo o trabalho o que dá o legítimo "título de propriedade" sobre as coisas e, como vimos anteriormente, existem diferentes capacidades para o trabalho de acordo com Locke, temos que os indivíduos terão à sua disposição coisas de diferentes valores. Inevitavelmente, o trabalho exercido pelo indivíduo diferenciará as posses que cada um pode ter, legitimando naturalmente a desigualdade material entre os homens.

3.7. PROPRIEDADE E JUSTIÇA

> *O governo civil, na medida em que é instituído para garantir a propriedade, de fato o é para defender a propriedade dos ricos contra os pobres, ou daqueles que têm alguma propriedade contra os que não possuem propriedade alguma*[158].
>
> ADAM SMITH

Afirma Locke no *Ensaio sobre o Entendimento Humano*, 4.3.18: "Onde não existe propriedade, não existe injustiça"[159].

157. "For whatever *Bread* is more worth than Acorns, *Wine* than Water, and *Cloth* or *Silk* than Leaves, Skins, or Moss, that is wholly *owing to labour* and industry. The one of these being the Food and Rayment which unassisted Nature furnishes us with; the other provisions which our industry and pains prepare for us, which how much they exceed the other in value, when any one hath computed, he will then see, how much *labour makes the far greatest part of the value* of things, we enjoy in this World." (Locke, *2TG*, §42.)

158. Adam Smith, *A Riqueza das Nações*, São Paulo, Abril Cultural, 1983, vol. II, p. 167.

159. "'Where there is no property, there is no injustice', is a proposition as certain as any demonstration in Euclid: for, the idea of property

A TEORIA DA PROPRIEDADE NO *SEGUNDO TRATADO SOBRE O GOVERNO*

Tal afirmação, a princípio, parece ecoar uma afirmação de Rousseau. Ela situa, em uma primeira leitura, a injustiça na instituição propriedade. Porém, conforme vamos conhecendo melhor os argumentos de Locke sobre a relação entre propriedade e justiça, vamos percebendo, cada vez mais, que a propriedade para o filósofo não pode ser jamais pensada como uma injustiça. Pois a propriedade é o direito à alguma coisa, e a injustiça, para o filósofo, será justamente a violação ou invasão deste direito.

Nos seus *Pensamentos sobre a Educação*, Locke destaca, no parágrafo 110, que "é impossível às crianças compreenderem corretamente o que é a injustiça antes de compreenderem a propriedade e como as pessoas particulares podem obtê-la"[160]. Nesse caso, como também o será nos *Dois Tratados*, a injustiça não está na distribuição desigual da propriedade entre os homens, mas nas formas corretas para a sua aquisição.

Segundo Nozick, se o mundo fosse inteiramente justo, três condições dariam conta exaustivamente da questão da justiça na propriedade[161]:

1. a pessoa que adquire uma propriedade de acordo com o princípio de justiça na aquisição tem direito a essa propriedade;

---

being a right to anything, and the idea to which the name 'injustice' is given being the invasion or violation of that right; it is evident that these ideas being thus established, and these names annexed to them, I can as certainly know this proposition to be true as that a triangle has three angles equal to two right ones." (Locke, *Essay*, 4.3.18.)

160. "But because children cannot well comprehend what *injustice* is, till they understand property, and how particular persons come by it [...]". (Locke, *Education*, §110.)

161. Nozick, *op. cit.*, p. 72.

2. a pessoa que adquire uma propriedade de acordo com o princípio de justiça em transferências, de alguém mais com direito à propriedade, tem direito à propriedade; e

3. ninguém tem direito à propriedade exceto por aplicações (repetidas) de *1* e *2*.

No primeiro dos *Dois Tratados*, Locke observa que a justiça "confere a cada homem o direito ao produto de seu esforço honesto e as legítimas aquisições se seus ancestrais são transmitidas a ele"[162]. Tal afirmação situa no trabalho humano a extensão de sua riqueza, ao mesmo tempo que garante o direito a bens herdados. É claro que o direito de herança modifica a quantidade de riquezas que os homens podem acumular, bem como o direito sobre o próprio trabalho altera as propriedades, na medida em que os homens têm "diferentes graus de indústria e capacidade para o trabalho"[163]. Porém estas duas formas de aquisição da propriedade, pelo trabalho e pela herança, em Locke, estarão plenamente justificadas se partirmos das condições ultraliberais de Nozick.

Locke, aqui, ainda está no registro da justiça natural. A diferenciação na capacidade para o trabalho justifica completamente, para o filósofo, a diferença de propriedade entre os indivíduos. Para o autor, é plenamente racional que o maior esforço no trabalho seja coroado com maior disposição de propriedades.

Locke tem uma visão severamente instrumental das razões pelas quais os indivíduos devem ser capazes de obter direitos à propriedade privada. O conhecimento de que este direito pode

162. John W. Yolton, *Dicionário Locke*, Rio de Janeiro, Jorge Zahar Editor, 1996, p. 140.

163. "And as different degrees of Industry were apt to give Men Possessions in different Proportions, so this *Invention of Money* gave them the opportunity to continue and enlarge them." (Locke, *2TG*, § 48.)

A TEORIA DA PROPRIEDADE NO *SEGUNDO TRATADO SOBRE O GOVERNO*

ser obtido torna as pessoas mais dispostas a realizar o trabalho necessário para sustentar a vida humana. Uma "recompensa" é necessária, porque o trabalho é assumido como uma coisa intrinsecamente desagradável. Não é esperado que a criação das coisas seja um processo de autorrealização. A virtude de certas instâncias do trabalhar é o melhoramento de alguma coisa de modo a torná-la mais útil para a vida humana. Isto é uma virtude, porque o trabalho é de um certo tipo: um tipo que vai melhorar as coisas do ponto de vista da sustentabilidade humana[164].

O filósofo, assim, não nega a existência de desigualdades materiais ainda no estado de natureza[165]. Desigualdades estas que vão se perpetuar na sociedade civil. No que diz respeito aos outros direitos naturais, Locke afirma que todos são iguais, mas na esfera econômica, que rege a apropriação da propriedade privada, pode haver desigualdades arbitrárias[166].

Numa passagem do *Ensaio*[167], Locke explica a conexão conceitual entre a ideia de propriedade e a ideia de justiça. A propriedade e os bens, em geral, precisam ser adquiridos por trabalho honesto e de acordo com leis naturais ou positivas, não pela força[168]. Como um dos principais objetivos do governo civil é a proteção da propriedade (propriedade *lato sensu*,

164. Thomas, *op. cit.*, p. 101.

165. "Although there is no doubt that Locke belived that the 'full liberal' conception of ownership should be qualified in order to accommodate cases of deserving need, there is also no doubt that Locke was prepared to tolerate considerable economic inequality." (Thomas, *op. cit.*, p. 103.)

166. "In other respects people's rights are equal in the state of nature, according to Locke, but in the economic sphere there would be arbitrary inequalities." (Thomas, *op. cit.*, p. 112.)

167. Locke, *Essay*, 4.3.18.

168. Yolton, *op. cit.*, p. 141.

LIBERALISMO E NATUREZA. A PROPRIEDADE EM JOHN LOCKE

o que abrange pessoas, vidas e bens), podemos entender os estreitos vínculos entre propriedade, lei e justiça.

No estado de natureza, aplica-se a lei natural; na sociedade política, é a lei civil que especifica os detalhes da propriedade e as penalidades para os transgressores. A lei é, assim, sempre uma instância que aparece para garantir a propriedade privada. A justiça, para Locke, será exatamente a garantia de que os proprietários legítimos não ficarão sem suas posses. O que significa dizer, em outras palavras, que todo o aparato opressivo do Estado serve para proteger os proprietários dos pobres, daqueles que ficaram destituídos de propriedade e podem criar problemas. A estrutura de classe que se formou ainda no estado de natureza se perpetua na sociedade civil. Mas a desigualdade econômica entre os homens, primeiro no estado de natureza, depois na sociedade civil, não será pensada por Locke como um problema de justiça. A justiça está em receber os frutos de seu trabalho e sua herança. A desigualdade material é plenamente justificada pelo filósofo por um princípio racional e natural. Assim, a igualdade formal, imposta pelo Estado de Direito, não pode fazer mais do que apenas esconder os privilégios da classe mais abastada.

3.8. O DINHEIRO

A introdução do dinheiro na teoria da propriedade lockiana, conforme vimos em item anterior, será responsável pela possibilidade racional de acumular mais do que se poderia naturalmente. Isso porque, de acordo com o filósofo, o dinheiro é um instrumento durável que o homem pode guardar sem que se estrague. Não é um desperdício, portanto, sua acumulação.

A instituição do dinheiro é realizada por um consentimento mútuo entre os homens em acordar-lhe um valor. Assim: "Desse modo *institui-se o uso do dinheiro*, um instrumento du-

A TEORIA DA PROPRIEDADE NO *SEGUNDO TRATADO SOBRE O GOVERNO*

rável que o homem pudesse guardar sem se estragar e que, por consentimento mútuo, os homens aceitassem em troca dos sustentos da vida, verdadeiramente úteis mas perecíveis"[169].

É importante ressaltar que a invenção do dinheiro, de acordo com Locke, ocorre devido a um acordo realizado entre os homens ainda no estado de natureza, portanto sua utilização é anterior à sociedade civil. Neste sentido: "Essa partilha das coisas em uma desigualdade de propriedades particulares foi propiciada pelos homens fora dos limites da sociedade e sem um pacto, apenas atribuindo-se um valor ao ouro e à prata e concordando-se tacitamente com o uso do dinheiro"[170].

Locke admite que o dinheiro favoreceu a ideia de acumulação, algo que ultrapassava os limites naturais da propriedade: "E assim como diferentes graus de esforço lograram conferir aos homens posses em proporções diferentes essa *invenção do dinheiro* deu-lhes a oportunidade de continuá-las e aumentá-las"[171].

O grande argumento de Locke sobre a legitimidade da desigualdade de posses, inclusive de terras, repousa justamente na ideia de que as pessoas racionalmente poderiam trocar suas terras e seus frutos pelo dinheiro, material que não se gasta e não se desperdiça. Assim:

169. "And thus *came in the use of Money*, some lasting thing that Men might keep without spoiling, and that by mutual consent Men would take in exchange for the truly useful, but perishable Supports of Life." (Locke, *2TG*, §47.)

170. "This partage of things, in an inequality of private possessions, men have made practible out of the bounds of Societie, and without compact, only by putting a value on gold and silver and tacitly agreeing in the use of Money." (Locke, *2TG*, §50.)

171. "And as different degrees of Industry were apt to give Men Possessions in different Proportions, so this *Invention of Money* gave them the opportunity to continue and enlarge them." (Locke, *2TG*, §48.)

LIBERALISMO E NATUREZA. A PROPRIEDADE EM JOHN LOCKE

Como, porém, o ouro e a prata, por terem pouca utilidade para a vida humana em comparação com o alimento, as vestimentas e o transporte, derivam o seu *valor* apenas do consentimento dos homens, enquanto o trabalho ainda dá em grande parte sua *medida*, vê-se claramente que os homens concordaram com a posse desigual e desproporcional da terra, tendo encontrado, por um consentimento tácito e voluntário, um modo pelo qual alguém pode possuir com justiça mais terra que aquela cujos produtos possa usar, recebendo em troca do excedente ouro e prata que podem ser guardados sem prejuízo de quem quer que seja, uma vez que tais metais não se deterioram nem apodrecem nas mãos de quem os possui[172].

Em Locke, o dinheiro já tem todas as características necessárias para uma vida econômica moderna. Ele é um meio de troca, uma reserva de valor, uma unidade de conta e um padrão para pagamentos diferidos no tempo[173].

172. "But since Gold and Silver, being little useful to the Life of Man in proportion to Food, Rayment, and Carriage, has its *value* only from the consent of Men, whereof Labour yet makes, in great part, the *measure*, it is plain, that Men have agreed to disproportionate and unequal Possession of the Earth, they having by a tacit and voluntary consent found out a way, how a man fairly possess more land than he himself can use the product of, by receiving in exchange for the overplus, Gold and Silver, which may be hoarded up without injury to any one, these metalls not spoileing or decaying in the hands of the possessor." (Locke, *2TG*, §50.)

173. Diva Benevides Pinho & Marco Antonio Sandoval de Vasconcellos (orgs.), *Manual de Economia*, São Paulo, Saraiva, 2003, p. 20.

4. A PROPRIEDADE NOS DEMAIS CAPÍTULOS DO *SEGUNDO TRATADO SOBRE O GOVERNO*

Neste capítulo, buscaremos, a partir da hipótese da centralidade do conceito de propriedade para a filosofia política lockiana, provar como este conceito é essencial para a formação do governo civil (ordem) ao mesmo tempo em que é a base para o direito de resistência (rebelião). Mostraremos, assim, como os demais capítulos do *Segundo Tratado* dependem essencialmente da concepção de propriedade que o filósofo desenvolveu no capítulo V.

Inicialmente, vamos analisar os motivos de Locke para a separação entre poder paterno, poder político e poder despótico. Verificaremos, nesse caso, como a separação entre estas espécies de poder humano atenderá a formação de um Estado de cunho liberal-democrático, em franca oposição às teses de Filmer e Hobbes. O Estado absolutista, que confunde poder político com paterno, ou poder político com despótico, não condiz com os fins da própria sociedade política, que são, para Locke, a plena preservação da propriedade.

131

LIBERALISMO E NATUREZA. A PROPRIEDADE EM JOHN LOCKE

Em segundo lugar, demonstraremos como o governo civil tem seu fundamento na defesa da propriedade privada. Como o filósofo não cansa de defender textualmente, o fim verdadeiro para as pessoas unirem-se em sociedade civil é a melhor proteção da propriedade. É isso que sustenta o acordo, pacto social, para que as pessoas resolvam se reunir em sociedades políticas.

Posteriormente, investigaremos a teoria da separação dos poderes de Locke e de que maneira a propriedade aparece nesta teoria como o que limita os poderes instituídos pela sociedade civil.

No item Direito de Resistência e Propriedade, mostraremos como as instituições do governo civil estão limitadas à proteção da propriedade e como a má ingerência do governo sobre a propriedade dos súditos pode ocasionar a rebelião. Assim, mostraremos as diversas formas de degeneração da sociedade civil, que ocupam os últimos capítulos do *Segundo Tratado*, mas nossa tese principal é que o verdadeiro motivo para a rebelião é quando o legislativo ou o executivo resolvem intervir indiscriminadamente nas propriedades dos indivíduos sem o seu consentimento.

4.1. O PODER PATERNO, POLÍTICO E DESPÓTICO

Locke distingue, no *Segundo Tratado*, três espécies de poderes: *1.* o poder paterno; *2.* o poder civil e *3.* o poder despótico. E, conforme veremos, cada espécie de poder corresponde a uma relação distinta com a propriedade.

O poder paterno é aquele que os pais têm sobre os seus filhos. Sua origem é a *natureza*. Todos os homens nascem livres e iguais para o autor[1], embora os filhos não nasçam imediatamen-

---

1. "[...] which was the *Equality* I there spoke of, as proper to the bu-

132

A PROPRIEDADE NOS DEMAIS CAPÍTULOS DO *SEGUNDO TRATADO...*

te neste pleno estado de igualdade e liberdade[2]. Não nascem completamente livres e iguais, porque, ainda em idade precoce, não são capazes de identificar a lei da natureza ou a lei civil.

E sendo essa lei promulgada e dada a conhecer apenas pela *razão*, não se pode dizer que aquele que ainda não acedeu ao uso da sua *razão* esteja *sujeito a essa lei*; e por não estarem os filhos de *Adão* imediatamente, assim que nasciam, *submetidos a essa lei da razão*, não estavam imediatamente *livres*[3].

"Os escritores precedentes tinham tomado como ponto de partida o direito dos pais. Locke, porém, parte do *direito dos filhos*"[4]. Os filhos têm o direito à vida, e este direito corresponde, do outro lado, ao dever dos pais de educá-los e conservá-los. Em outras palavras, os genitores têm um *poder* à medida que têm um *dever*. Isso é uma das características do jusnaturalismo moderno que parte dos direitos naturais e não dos deveres naturais[5].

Este poder paterno só pode perdurar, logicamente, até o momento em que o filho consiga ser capaz de entender a lei da natureza ou a lei municipal de seu país, pelas quais terá que go-

---

siness in hand, being that *equal Right* that every Man hath, to *his Natural Freedom*, without being subjected to the Will or Authority of any other Man." (Locke, *2TG*, §54.)

2. "*Children*, I confess are not born in this full state of *Equality*, though they are born to it." (Locke, *2TG*, §55.)

3. "[...] for no Body can be under a Law, which is not promulgated to him; and this Law being promulgated or made known by *Reason* only, he that is not come to the Use of his *Reason*, cannot be said to be *under this Law*; and *Adam's* Children being not presently as soon as born, *under this Law of Reason* were not presently *free*." (Locke, *2TG*, §57.)

4. Bobbio, *op. cit.*, p. 211.

5. *Idem*, p. 213.

LIBERALISMO E NATUREZA. A PROPRIEDADE EM JOHN LOCKE

vernar a si mesmo[6]. Ou, em outra formulação feita por Locke, este poder existe apenas enquanto a menoridade torna o filho incapaz de gerir sua própria propriedade[7].

O poder político é aquele que o homem concedeu ao resolver abandonar o estado de natureza e adentrar em sociedade civil. Sua origem é o *acordo político* entre os homens.

[...] o *poder político* é aquele que todo homem, possuindo-o no estado de natureza, passa às mãos da sociedade, e desta forma aos governantes que a sociedade estabeleceu, com o encargo expresso ou tácito de que seja utilizado para o bem desta e a preservação de suas propriedades[8].

A característica principal deste tipo de poder é o fato dos homens terem legitimamente a propriedade à sua disposição[9].

O poder despótico é o poder absoluto e arbitrário que um homem tem sobre outro, para tirar-lhe a vida quando quiser[10].

---

6. "*First* then, *Paternal* or *Parental Power* is nothing but that, which parents have over their Children, to govern them for the Children good, till they come to the use of Reason, or a state of Knowledge, wherein they may be supposed capable to understand that Rule, whether it be the Law of Nature, or the municipal Law of their Country they are to govern themselves by [...]". (Locke, *2TG*, §170.)

7. "*Paternal Power* is only where Minority makes the Child incapable to manage his property [...]". (Locke, *2TG*, §174.)

8. "[...] *Political Power* is that Power which every Man, having in the state of Nature, has given up into the hands of the Society, and therein to the Governours, whom the Society hath set over it self, with this express or tacit Trust, That it shall be imployed for their good, and the preservation of their Property [...]". (Locke, *2TG*, §171.)

9. "[...] *Political* [Power] where Men have Property in their own disposal [...]". (Locke, *2TG*, §171.)

10. "*Thirdly, Despotical Power* is an Absolute, Arbitrary power one

A PROPRIEDADE NOS DEMAIS CAPÍTULOS DO *SEGUNDO TRATADO*...

Sua origem é a *perda de direito* à própria vida que o agressor ocasiona, ao colocar-se em estado de guerra com outrem[11]. Este poder é exercido primordialmente sobre aqueles que não possuem propriedade alguma[12].

Locke, ao separar o poder paterno do poder político e despótico, estava preparando o terreno para o fim de uma concepção paternalista e absolutista de poder e o início da concepção liberal-democrática. O filósofo esforçou-se em demonstrar a falsidade da doutrina que identifica o poder paterno ao poder político, o soberano com o pai, argumento especialmente caro a Filmer. Conforme esclarece Bobbio: "considerar os súditos como filhos e o soberano como pai leva a ver os súditos como menores permanentes, que como cidadãos nunca chegam à idade da razão"[13].

Na teoria política de Locke, temos uma tentativa de distinguir claramente o poder civil do paterno e do despótico, mostrando que o poder civil tem um fundamento próprio, que é o consenso, distinto, tanto do fundamento do poder paterno – que é a natureza –, como do poder despótico – que é a perda de direito por qualquer prevaricação[14].

Era preciso demonstrar que a sociedade familiar era distinta da sociedade política, pois Locke tem a intenção de contrariar a concepção paternalista de soberania.

Man has over another, to take away his Life, whenever he pleases." (Locke, *2TG*, §172.)

11. "[...] but it is *the effect only of Forfeiture*, which the Aggressor makes of his own Life, when he puts himself into the state of War with another." (Locke, *2TG*, §172.)

12. "[...] *Despotical* [Power] over such as have no property at all." (Locke, *2TG*, §174.)

13. Bobbio, *op. cit.*, p. 210.

14. *Idem*, p. 208.

LIBERALISMO E NATUREZA. A PROPRIEDADE EM JOHN LOCKE

A diferença entre estes dois tipos de sociedade é realizada através de dois argumentos, um referente à natureza e outro, aos objetivos do poder sobre os filhos:

1. Enquanto o poder do soberano sobre os súditos é de uma só pessoa, o poder dos pais sobre os filhos é de duas: pai e mãe. Tanto que se deveria falar em poder dos genitores;
2. O poder dos genitores é temporário. Só dura enquanto o filho ainda não atingiu a idade da razão e possa governar a si mesmo.

A doutrina de Hobbes identificava, por seu turno, poder civil e poder despótico[15]. O monarca com o déspota. Desta maneira, acabava por sustentar a monarquia absoluta. Locke refuta a monarquia absoluta porque, se ela fosse fruto do poder despótico, isso significaria dizer que o soberano estaria em estado de natureza para com seus súditos. Isso iria contra sua teoria da separação entre os poderes, em que o poder executivo estava limitado pelas leis, tanto quanto o legislativo. Ora, no limite, isso contrariaria também o grande e principal motivo para os homens entrarem em sociedade civil, a preservação da propriedade, uma vez que o soberano teria todo o direito de intervir na propriedade dos súditos.

4.2. A PROPRIEDADE NO GOVERNO CIVIL

Como destaca Alysson Mascaro, a modernidade é pródiga em construir uma metafísica de legitimação do direito estatal. As várias teorias do contrato social demonstram a clara afirmação

---

15. Cf. Thomas Hobbes, *Do Cidadão*, São Paulo, Martins Fontes, 2002, cap. VIII, §1; Thomas Hobbes, "Leviatã ou Matéria, Forma e Poder de um Estado Eclesiástico e Civil", em *Os Pensadores*, São Paulo, Abril Cultural, 1974, cap. XVII.

136

A PROPRIEDADE NOS DEMAIS CAPÍTULOS DO *SEGUNDO TRATADO*...

jusfilosófica do interesse burguês. O direito natural racional é o grande apoio dos filósofos do direito moderno. Diferentemente do direito natural clássico aristotélico, que era um buscar artesanal da natureza das coisas, o direito natural moderno deveria ser uma expressão imutável e eterna da razão[16]. A teoria da formação do governo civil obedecerá, portanto, a uma lógica racional, baseada no consentimento que é guiado pelo interesse individual.

Defenderemos, neste capítulo, que existem três motivos jurídicos básicos para que os homens resolvam abandonar o estado de natureza e entrar em sociedade civil.

O primeiro problema de cunho jurídico é a ausência de uma lei estabelecida e fixa. Claro que os homens em estado de natureza estão submetidos à lei da natureza, no entanto, existiria muita controvérsia a respeito de seu conteúdo, diferentes interpretações. E Locke tinha uma concepção de hermenêutica claramente negativa. Não chegava a ser um nominalista como Hobbes que acreditava que o estado de natureza também era a anarquia dos significados e só com o Estado teríamos a centralização, imposta pelo soberano, dos significados das palavras. Porém, nas *Constituições Fundamentais da Carolina*, Locke assim se posiciona sobre a hermenêutica:

> Como a multiplicação dos comentários, assim como aquela das leis, apresenta graves inconvenientes e não serve senão para obscurecer e confundir, é absolutamente proibida a formulação de toda espécie de comentário ou de exposição sobre qualquer uma das partes das presentes constituições fundamentais ou sobre uma parte qualquer do direito comum ou das leis escritas da Carolina[17].

16. Alysson Mascaro, "A Filosofia do Direito e seus Horizontes", *Revista Cult*, 112, ano 10, abr. 2007, p. 44.

17. Locke, *Carolina*, LXXX.

LIBERALISMO E NATUREZA. A PROPRIEDADE EM JOHN LOCKE

Só o advento de um poder legislativo que pudesse reconhecer as leis válidas poderia sanar esta dificuldade. A lei, inclusive a civil, é entendida por Locke como uma proteção do homem: "Pois a *lei*, em seu mais verdadeiro sentido, não é tanto a limitação, mas muito mais *a direção de um agente livre e inteligente* no sentido de seu próprio interesse, e só prescreve na medida em que isso for pelo bem geral daqueles que lhe estão submetidos"[18].

O segundo problema jurídico é a falta de um juiz imparcial. Como mostramos no item referente ao estado de natureza, neste estado, reza a autotutela. Todos são juízes em causa própria. Não é preciso muito para perceber que em tal situação as paixões, a vingança e o poder exacerbado podem tornar as decisões judiciais injustas.

O terceiro problema é a dificuldade de execução. Como a execução do direito natural encontra-se nas mãos do próprio ofendido, temos muitas vezes, devido à falta de centralização do poder executivo, dificuldades para se fazer cumprir as leis. O castigo dos crimes é substituído, assim, pela ação do executivo na sociedade civil.

Assim, o homem que entra em sociedade política renuncia o direito de castigar outros, ser executor da lei da natureza e interpretar unilateralmente a lei natural. A preservação de si mesmo é substituída pela lei: temos a origem do poder legislativo em Locke. O castigo dos crimes (autotutela) é substituído por uma administração central: origem do poder executivo na sociedade civil.

---

18. "For *Law*, in its true Notion, is not so much the Limitation as *the direction of a free and intelligent Agent* to his proper Interest, and prescribes no farther than is for the general Good of those under that Law." (Locke, *2TG*, §57.)

138

A PROPRIEDADE NOS DEMAIS CAPÍTULOS DO *SEGUNDO TRATADO*...

O governo civil, em Locke, é o remédio adequado para as inconveniências do estado de natureza. No entanto, ao mesmo tempo, ele deve ser mínimo, apenas uma garantia suplementar aos direitos que já eram garantidos naturalmente. Para Locke, o Estado é um meio-termo que compatibiliza a liberdade do estado de natureza com as exigências da segurança da vida em sociedade[19]. Assim, a lei natural é a própria fonte da lei civil. Respeita-se o indivíduo social, mas somente porque ele já tinha anteriormente direitos naturais no estado de natureza. Direitos positivos, Estado, instituições são meios que estão a serviço dos direitos naturais do indivíduo e devem servir apenas como mecanismos reguladores, voltados para a eficiente manutenção do direito de propriedade. Os fins últimos da sociedade política são os fins do indivíduo, pensado como um proprietário.

De acordo com Locke, é através do consentimento que os homens resolvem entrar em sociedades políticas. Neste sentido:

> Sendo *todo homem*, tal como foi demonstrado *naturalmente livre*, sem que nada possa colocá-lo em sujeição a qualquer poder terreno a não ser o seu próprio consentimento, deve-se considerar agora o que entenderemos por uma *declaração suficiente do consentimento de um homem, para sujeitá-lo* às leis de qualquer governo[20].

A passagem do estado de natureza para o estado social se dá através de um instrumento artificial: o contrato. É de se no-

---

19. Celso Lafer, *Ensaios sobre a Liberdade*, São Paulo, Perspectiva, 1980, p. 20.

20. "*Every Man* being, as has been shewed, *naturally free*, and nothing being able to put him into subjection to any Earthly Power, but only his own Consent; it is to be considered, what shall be understood to be *a sufficient Declaration of a* Mans *Consent, to make him subject* to the Laws of any Government." (Locke, *2TG*, §119.)

LIBERALISMO E NATUREZA. A PROPRIEDADE EM JOHN LOCKE

tar que não é qualquer tipo de pacto que põe fim ao estado de natureza entre os homens, mas somente o acordo mútuo e conjunto de constituir uma comunidade e formar um corpo político; os homens podem celebrar entre si outros pactos e promessas e, mesmo assim, continuar em estado de natureza[21].

O contratualismo, segundo o qual o Estado funda-se no acordo entre os indivíduos, respondeu, no mundo moderno, a duas exigências diferentes, porém complementares, ambas ligadas a uma concepção individualista de sociedade e história. A primeira era a de dar uma explicação para a origem do Estado que não fosse coincidente com a tradicional, segundo a qual o Estado resulta do desenvolvimento de uma sociedade natural original como a família. É a separação do poder político do poder paterno, ou familiar. Nesse sentido, a teoria do contrato social via no governo civil não um organismo ou dado natural, mas um mecanismo construído e elaborado pela vontade dos indivíduos, desejosos de saírem do estado de natureza. A segunda exigência era a de dar uma justificação ao Estado diferente daquela que encontrava sua base no poder incontestável do soberano ou no poder irresistível de Deus, conforme vimos no capítulo "A Propriedade no *Primeiro Tratado sobre o Governo*". Nesse sentido, o contratualismo buscava uma legitimação do poder através de um processo ascendente, que ia do indivíduo para o soberano, e não do soberano para os seus súditos[22].

---

21. "For 'tis not every Compact that puts an end to the State of Nature between Men, but only this one of agreeing together mutually to enter into one Community, and make one Body Politick; other Promises and Compacts, Men may make one with another, and yet still be in the State of Nature." (Locke, *2TG*, §14.)

22. Celso Lafer, *Ensaios Liberais*, São Paulo, Siciliano, 1991, pp. 82-83.

A PROPRIEDADE NOS DEMAIS CAPÍTULOS DO *SEGUNDO TRATADO...*

O contrato ou pacto, em Locke, não é apenas um dado histórico, ele é um pressuposto lógico para a formação de uma comunidade política.

Nesse sentido, o ato do consentimento, que se manifesta no contrato social, é aquilo que os homens devem fazer para escapar a uma situação indesejável, constituindo, para Locke, a única base de legitimidade e de obediência política[23]. Em Hobbes, é um pacto de submissão para garantir a vida. Para Locke, o pacto é feito para preservar ainda mais os direitos que os homens tinham no estado de natureza. Segundo Locke, o homem conserva em sociedade todos os direitos de antes, exceto o de fazer justiça por conta própria[24]. Locke não pode aceitar, assim, a monarquia absoluta, conforme vimos no capítulo "A Propriedade no *Primeiro Tratado sobre o Governo*" e no item Poder Paterno, Político e Despótico, ela é incompatível com os direitos naturais que se transformarão em direitos civis. Na monarquia absoluta, há a restrição da liberdade em favor do soberano que submete os súditos, assim como o senhor submete os escravos. Locke aceita que, com o contrato e o estabelecimento da sociedade civil, os homens perdem a liberdade de fazer justiça por conta própria, mas ainda assim, os demais direitos naturais são plenamente garantidos.

Não é a existência do contrato que caracteriza a comunidade política, mas a decisão de integrar-se a uma comunidade que governe, com vistas ao bem público, com um poder temporal, um magistrado dotado do poder de fazer leis e fazê-las aplicar, ainda que sob a pena de morte, usando a força total da comunidade.

23. Nodari, *op. cit.*, p. 134.
24. José F. Fernández Santillán, *Locke y Kant – Ensayos de Filosofía Política*, Ciudad del México, Fondo de Cultura Económica, 1992, p. 33.

LIBERALISMO E NATUREZA. A PROPRIEDADE EM JOHN LOCKE

A sociedade política[25], contrariamente ao que Filmer sustentava, na versão de Locke, baseia-se na concordância de cada um, ao passo que a monarquia absoluta, ao negar esse acordo entre os homens, opõe-se à sociedade civil[26]. Também o fato de ser indispensável um poder legislativo na sociedade civil torna esta completamente incompatível com a monarquia de tipo absoluta. Locke, em várias passagens, esclarece que sem legislativo ainda temos estado de natureza[27].

A propriedade que o homem possui na sociedade civil pode ser vista como um complemento da propriedade que foi inaugurada pela apropriação natural, que continua a valer mesmo com sua entrada em sociedade[28]. Assim, na sociedade civil, os governos asseguram os limites, regulam e, principalmente, protegem as propriedades que os homens iniciaram em estado de

25. Locke utiliza os sintagmas sociedade política, sociedade civil e governo civil como equivalentes.

26. Aléxis Tadié, *Locke*, São Paulo, Estação Liberdade, 2005, p. 54.

27. "[...] there, and there only is *Political Society*, where every one of the Members hath quitted this natural Power, resign'd it up into the hands of the Community in all cases that exclude him not from appealing for Protection to the Law established by it. [...] Whereby it is easie to discern who are, and who are not, in *Political Society* together. Those who are united into one Body, and have a common establish'd Law and Judicature to appeal to, with Authority to decide Controversies between them, and punish Offenders, *are in Civil Society* one with another." (Locke, *2TG*, §87.); "And this *puts Men* out of a State of Nature *into* that of a *Commonwealth*, by setting up a Judge on Earth, with Authority to determine all the Controversies, and redress the Injuries, that may happen to any Member of the Commonwealth; which Judge is the Legislative, or Magistrates appointed by it. And where-ever there are any number of Men, however associated, that have no such decisive power to appeal to, there they are still *in the State of Nature*." (Locke, *2TG*, §89.)

28. Sreenivasan, *op. cit.*, p. 91.

A PROPRIEDADE NOS DEMAIS CAPÍTULOS DO *SEGUNDO TRATADO*...

natureza. É preciso, neste caso, lembrar que o uso do dinheiro[29], bem como a existência de uma economia de mercado e de trabalho, já estão presentes no estado de natureza lockiano, portanto, são anteriores à formação da sociedade civil.

Uma das intenções de Locke no capítulo sobre o governo civil do *Segundo Tratado* é mostrar que o poder legítimo do Estado para regular o direito de propriedade é limitado. O Estado não pode, consistentemente com o respeito aos direitos naturais, alterar toda a forma de propriedade privada, porque o direito natural requer que deva existir algum sistema de direito à propriedade privada.

Quando se interpreta a propriedade em seu sentido lato, todos estão aptos a entrar na sociedade civil e todos têm cidadania; mas quando se interpreta em seu sentido estrito, somente os proprietários têm cidadania. Portanto, quem é membro da sociedade civil? Todos, se o que se pensa é a vida e a liberdade. Mas só os proprietários, se o que se pensa é a preservação da propriedade e a capacidade de vida racional. "A classe operária, não tendo fortunas está submetida à sociedade civil, mas dela não faz parte"[30]. Isso implica a seguinte conclusão: *todos são membros se o quesito é ser governado, mas só os homens de posses é que podem governar!*

O Estado aparece, assim, como garantidor do direito dos proprietários e como órgão protetor da economia de mercado. De um estado de natureza baseado nas leis naturais, princípio jusnaturalista, Locke chegou à formulação de um Estado de cunho liberal.

Os únicos homens que podem contratar por pacto expresso são aqueles que têm propriedades. "Devido às suposições in-

---

29. *Idem*, p. 103.
30. Macpherson, *op. cit.*, p. 260.

LIBERALISMO E NATUREZA. A PROPRIEDADE EM JOHN LOCKE

dividualistas de direitos naturais do século XVII, um estado de classes só poderia ser legitimado por uma doutrina do consentimento, que trouxesse para dentro dele uma classe sem dela fazer integrante do Estado"[31]. Nessa perspectiva, a origem das contradições da teoria lockiana é a sua tentativa de afirmar em termos universais (não de classe), direitos e deveres que inevitavelmente tinham um conteúdo de classes[32].

Delineia-se, assim, um contraste, que terá muitas consequências, entre a sociedade econômica – como sociedade natural – e a sociedade política – como sociedade artificial –, que ao se ajustar à primeira, só é aceitável se essa adequação não a deforma, mas apenas a regula. Nesta resolução da sociedade da natureza em sociedade das relações econômicas, a economia funciona como estrutura básica, a política, como superestrutura. Neste sentido, conforme Bobbio afirma, não há dúvida de que a política, para Locke, deve estar a serviço da economia. Neste primado do *econômico*, que é também o *natural*, residem a característica e a modernidade do jusnaturalismo fundado pelo filósofo inglês[33].

4.3. UMA TEORIA DA SEPARAÇÃO ENTRE OS PODERES

A teoria da propriedade lockiana, para funcionar na sociedade civil, precisa de mecanismos e instituições que garantam sua legitimidade. A teoria da separação entre os poderes não é apenas um dos componentes essenciais do moderno Estado Democrático de Direito. Em Locke, ela faz mais que isso. A separação entre os poderes garante que as leis que regem a

31. *Idem*, p. 262.
32. *Idem, ibidem.*
33. Bobbio, *op. cit.*, p. 206.

A PROPRIEDADE NOS DEMAIS CAPÍTULOS DO *SEGUNDO TRATADO...*

propriedade sejam fruto de um trâmite legislativo controlável, e que o executivo não utilize seu poder para intervir indiscriminadamente na propriedade dos indivíduos.

A teoria da separação entre os poderes é frequentemente atribuída a Montesquieu, que, em sua obra *Do Espírito das Leis*, teria elaborado um sistema de controle e fiscalização do poder que posteriormente seria incorporado à tradição constitucionalista. Os antecedentes mais remotos de uma concepção de separação entre os poderes podem ser encontrados em Aristóteles[34], na Antiguidade, e em Maquiavel[35], na Era Moderna.

Aristóteles assinala que em todo governo existem três poderes essenciais. O primeiro destes poderes seria aquele que delibera sobre os negócios do Estado. O segundo compreende todas as magistraturas ou poderes constituídos, isto é, aqueles de que o Estado precisa para agir, suas obrigações e a maneira de satisfazê-las. O terceiro abrangeria os cargos de jurisdição. Dessa forma, quando as três partes estão bem acomodadas, necessariamente o governo vai bem[36].

Podemos perceber que a noção de equilíbrio entre os poderes do governo já era uma preocupação desde a Antiguidade, e que prosseguiu sendo na obra de alguns autores modernos.

Curiosa, nesse sentido, é a posição de Maquiavel sobre a separação dos poderes. Em um capítulo d'*O Príncipe* cujo título é "De Como se Deve Evitar o Ser Desprezado e Odiado", assim escreve o filósofo:

---

34. Aristóteles, *A Política*, São Paulo, Martins Fontes, 2002, livro III, cap. X.

35. Nicolau Maquiavel, *O Príncipe*, São Paulo, Abril Cultural, 1973, cap. XIX.

36. Aristóteles, *op. cit.*, livro III, cap. X.

LIBERALISMO E NATUREZA. A PROPRIEDADE EM JOHN LOCKE

Em nossos tempos, entre os reinos bem organizados e governados, deve-se enumerar o de França. Encontram-se nele numerosas boas instituições, das quais dependem a liberdade e a segurança do rei. A primeira delas é o Parlamento e a autoridade que possui, pois o homem que organizou aquele reino, conhecendo, de um lado, a ambição e a insolência dos poderosos, e julgando necessário pôr-lhes um freio à boca para corrigi-los, e, de outro, conhecendo o ódio do povo contra os grandes, motivado pelo medo, e querendo protegê-los, não permitiu que essa tarefa ficasse a cargo do rei, para desculpá-lo da acusação dos grandes quando favorecesse o povo, e do povo quando favorecesse os poderosos. Por isso constitui um terceiro juízo que fosse aquele que, sem responsabilidade do rei, deprimisse os grandes e favorecesse os menores. Essa organização não poderia ser melhor nem mais prudente, nem se pode negar que seja a melhor causa de segurança do rei e do reino. Pode-se daí tirar notável instituição; os príncipes devem encarregar outrem da imposição de penas; os atos de graça, pelo contrário, só a eles mesmos, em pessoa, devem estar afetos[37].

Neste caso, dando conselho aos príncipes, Maquiavel inverte a lógica de separação dos poderes que visa, normalmente, a impedir um controle absoluto do monarca ou a tirania, e defende uma posição em que separar os poderes é uma maneira de melhor controlar ou exercer um poder absoluto com carisma.

A doutrina da separação dos poderes teve, além destas duas formulações comentadas, outras menos conhecidas[38], mas que merecem relato, como a de Marsílio de Pádua, que, já no sé-

---

37. Nicolau Maquiavel, *op. cit.*, cap. XIX, p. 85.

38. "It is clear, therefore, that neither Locke nor Montesquieu can claim to have actually originated the theory of the separation of powers; but this, of course, does not disprove the belief that Locke was Montesquieu's source (or one of his sources) of inspiration, nor that the effective popularization of the theory was due more to the work of either, or for that

A PROPRIEDADE NOS DEMAIS CAPÍTULOS DO *SEGUNDO TRATADO*...

culo XIV, estabelecia uma distinção entre poder legislativo e executivo[39].

Defenderemos, porém, neste capítulo, que no século XVII é que vai surgir, entretanto, uma primeira sistematização doutrinária da separação dos poderes, com a obra de Locke. Seria este filósofo que teria pela primeira vez na Era Moderna, através da teoria da separação dos poderes, assinalado para uma ideia de contenção do poder associada ao constitucionalismo. Conforme ressalta Comparato:

> Ele [Locke], e não Montesquieu, é o verdadeiro criador do sistema de separação de poderes, nos tempos modernos. Montesquieu, aliás, tinha consciência de que nada propunha de novo: a tese da divisão de poderes é exposta num capítulo consagrado, como diz o título, à Constituição da Inglaterra[40].

Embora Locke e Montesquieu tivessem diferentes problemas a serem resolvidos quando elaboraram suas teorias da separação dos poderes, e se utilizassem inclusive de nomenclaturas diferentes para os poderes separados, acreditamos que seja possível uma abordagem que ressalte os paralelos entre os dois autores e que, também, seja capaz de mostrar as diferenças nas concepções de ambos sobre o tema.

A tradição, que inegavelmente foi popularizada por Montesquieu, aponta para três diferentes poderes (executivo, legislativo e judiciário) iguais, harmônicos e independentes entre

matter of both of them, that to the writings of earlier but obscurer authors whose existence was quickly forgotten." (Gough, *op. cit.*, p. 100.)

39. Cf. Dalmo de Abreu Dallari, *Elementos de Teoria Geral do Estado*, São Paulo, Saraiva, 1995, p. 182.

40. Fábio Konder Comparato, *Ética – Direito, Moral e Religião no Mundo Moderno*, São Paulo, Companhia das Letras, 2006, pp. 218-219.

LIBERALISMO E NATUREZA. A PROPRIEDADE EM JOHN LOCKE

si[41]. Ele, de fato, associa – como era muito comum na época – a separação dos poderes à teoria das formas de governo (monarquia, aristocracia e democracia). O executivo nas mãos do monarca, o judiciário e parte do legislativo na aristocracia e o resto do legislativo na democracia. Tornou-se um lugar--comum interpretar a Constituição Inglesa como uma mistura de monarquia, aristocracia e democracia[42].

Para Montesquieu, quando na mesma pessoa ou na mesma magistratura o poder legislativo está reunido ao poder executivo, não pode haver liberdade, pois se deve temer que o mesmo monarca ou senado estabeleçam leis tirânicas para serem executadas tiranicamente[43]. Da mesma forma, não pode haver liberdade se o poder de julgar não estiver separado do legislativo e do executivo. "Se estivesse ligado ao poder legislativo, o poder sobre a vida e a liberdade dos cidadãos seria arbitrário, pois o juiz seria legislador. Se estivesse ligado ao executivo, o juiz poderia ter a força de um opressor"[44].

Associados à teoria das formas de governo, podemos ler em Montesquieu outros princípios que se tornaram caros ao constitucionalismo e ao Estado Democrático de Direito. É assim que, no mesmo capítulo sobre os poderes, o filósofo advoga pela legalidade, advertindo que os julgamentos não podem ultrapassar nunca o texto da lei. Além disso, recomenda o sistema representativo, como ficou consagrado pelas democracias ocidentais, mas com um porém: um senado para os nobres e o resto do parlamento para o povo.

---

41. Montesquieu, *Do Espírito das Leis*, São Paulo, Abril Cultural, 1973, livro XI, cap. VI.
42. Gough, *op. cit.*, pp. 98-99.
43. Montesquieu, *op. cit.*, p. 157.
44. *Idem, ibidem.*

A PROPRIEDADE NOS DEMAIS CAPÍTULOS DO *SEGUNDO TRATADO*...

Locke, em sua teoria da separação, ressalta os problemas, advindos da fragilidade humana, em manter o legislativo e o executivo nas mãos da mesma pessoa. Pode-se ter uma mistura do público com o privado, de modo que aquele que detém o poder utilize-o para fins próprios. Locke considera esta posição completamente insustentável e acrescenta, ademais, que, nas sociedades políticas bem organizadas, todo o corpo que compõe o poder legislativo também está sujeito às regras que eles mesmos criaram. Na separação de poderes de Locke, não há privilégios, mas sim contenção do poder absoluto.

Sessenta anos antes que Montesquieu, Locke concebe sua teoria da separação a partir de três poderes: o legislativo, o executivo e o federativo. O judiciário desaparece da tipologia lockiana na medida em que o filósofo não acredita ser esta uma função autônoma[45]. O judiciário como poder de estabelecer regras é ora parte do legislativo (Locke defende que o legislativo tem o fim de dispensar a justiça e decidir sobre o direito dos súditos), ora parte do executivo (a aplicação de regras de convivência no caso concreto e a administração da justiça). No lugar do judiciário, aparece um poder especial que só pode ser encontrado na obra de Locke: o poder federativo. Este consiste em um poder sobre os assuntos externos de uma sociedade política. É o poder de decidir sobre a guerra e a paz, sobre as alianças e quaisquer outras negociações com outros Estados[46].

---

45. "Como dissemos, o judiciário não era nenhum poder separado, mas o atributo geral de um Estado." (Laslett, *op. cit.*, p. 174.)

46. "This therefore contains the Power of War and Peace, Leagues and Alliances, and all the transactions, with all Persons and Communities without the Commonwealth, and may be called *Federative*, if any one pleases. So the thing be understood, I am indifferent as to the Name." (Locke, *2TG*, §146.)

LIBERALISMO E NATUREZA. A PROPRIEDADE EM JOHN LOCKE

O poder federativo, apesar de não se confundir com o poder executivo, conforme admite Locke, quase sempre está reunido com o executivo nas mãos da mesma pessoa[47]. Segundo Comparato: "A distinção entre ambos ocorre apenas na maneira de agir: enquanto o Executivo deve ater-se estritamente aos termos do disposto nas leis, o Poder Federativo atua unicamente com base na prudência"[48].

A primeira lei positiva e fundamental de toda sociedade política vai ser entendida por Locke como aquela que estabelece o poder legislativo; o alcance desta lei é tal que vai regular este próprio poder[49]. Locke, quando trata do legislativo, apresenta uma postura extremamente legalista. A lei civil não cons-

---

47. "These two Powers, *Executive* and *Federative*, though they be really distinct in themselves, yet one comprehending the *Execution* of the Municipal Laws of the Society *within* its self, upon all that are parts of it; the other the management of the *security and interest of the publick without*, with all those that it may receive benefit or damage from, yet they are always almost united." (Locke, *2TG*, §147); "Though, as I said, the *Executive* and *Federative Power* of every Community be really distinct in themselves, yet they are hardly to be separated, and placed, at the same time, in the hands of distinct Persons. For both of them requiring the force of the Society for their exercise, it is almost impracticable to place the Force of the Commomwealth in distinct, and not subordinate hands; or that the *Executive* and *Federative Power* should be *placed* in Persons that might act separately, whereby the Force of the Publick would be under different Commands: which would be apt sometime or other to cause disorder and ruine." (Locke, *2TG*, §148.)

48. Comparato, *op. cit.*, p. 219.

49. "[...] *the first and fundamental positive Law* of all Commomwealths, *is the establishing of the Legislative Power*; as the *first and fundamental natural Law*, which is to govern even the Legislative it self, is *the preservation of the Society*, and (as far as will consist with the publick good) of every person in it." (Locke, *2TG*, §134.)

titui uma restrição aos direitos dos homens, mas sim a garantia desses direitos. Isso vai fazer que Locke sustente que, onde não há lei, não há verdadeira liberdade. O legislativo é o que depende mais diretamente do consentimento popular, fruto do contrato social, e responde, assim, pela elaboração das leis especificamente para o bem comum e para a preservação da propriedade. De fato, Locke reserva um papel essencial ao poder legislativo na sua teoria da separação dos poderes, tratando-o diversas vezes como poder supremo. Talvez Locke tenha preferido o vocábulo *supremo* ao invés do vocábulo *soberano* para evitar confusões com os conceitos de Hobbes[50]. A teoria política de Locke tem sido descrita como um ataque não somente à soberania do *Leviathan* mas à própria ideia de soberania[51].

O povo também tem um poder supremo[52]; e pode usá-lo para alterar o legislativo[53] sempre que achar que este está agindo contrariamente à confiança nele depositada[54].

---

50. "Locke avoided the word sovereign, possibly because of its association with the arbitrary power of *Leviathan*, but he understood quite well what it meant. His use of the term 'supreme power' may seem confused at first sight, for he applies it to the legislative, and to the 'single person', and to the people themselves, but his meaning is really plain enough, and may be interpreted thus." (Gough, *op. cit.*, pp. 114-115.)

51. Gough, *op. cit.*, p. 199.

52. "The power of the people, in his system, is exercised at the foundation of the state, but after that it remains dormant unless a revolution becomes necessary, for the established government is sacrosanct so long as it fulfils its trust." (Gough, *op. cit.*, p. 115.)

53. "Se defende a ideia de que a legitimidade decorre do consenso em gerar a sociedade civil, somente o consenso poderá deliberar a ilegitimidade do abuso do Poder Legislativo instaurado, o que faz com que a soberania retorne às mãos do povo para constituir nova ordem, segundo os mesmos princípios e regras anteriormente definidos." (Bittar, *op. cit.*, p. 187.)

54. "[...] there remains still *in the People a Supream Power* to remove

No entanto, apesar de ser tratado como poder supremo por Locke, o legislativo tem quatro restrições.

1. O legislativo não pode ser arbitrário sobre a vida e as propriedades do povo. De fato, como este poder é fruto do consentimento que instituiu a sociedade civil e, portanto, também instituiu o legislativo, ele nunca pode ultrapassar os poderes que as pessoas tinham em estado de natureza, antes de entrarem em sociedade[55]. A lei da natureza continua válida mesmo depois do homem ter voluntariamente decidido se organizar em sociedade civil[56].

2. A autoridade legislativa não pode legislar por meio de decretos extemporâneos. A justiça deve advir de leis promulgadas e fixas e de juízes conhecidos e autorizados[57]. O homem constituiu a sociedade política para livrar-se dos inconvenientes do estado de natureza e gozar de regras fixas em leis

---

or *alter the Legislative*, when they find the Legislative act contrary to the trust reposed in them." (Locke, *2TG*, §149.)

55. "*First*, It is not, nor can possibly be absolutely *Arbitrary* over the Lives and Fortunes of the People. For it being but the joynt power of every Member of the Society given up to that Person, or Assembly, which is Legislator, it can be no more than those persons had in a State of Nature before they enter'd into Society and gave up to the Community." (Locke, *2TG*, §135.)

56. "The Obligations of the Law of Nature, cease not in Society, but only in many Cases are drawn closer, and have by Humane Laws known Penalties annexed to them, to inforce their observation. Thus the Law of Nature stands as an Eternal Rule to all Men, Legislators as well as others." (Locke, *2TG*, §135.)

57. "*Secondly*, The Legislative, or Supream Authority, cannot assume to its self a power to Rule by extempory Arbitrary Decrees, but is *bound to dispense Justice*, and decide the Rights of the Subject *by promulgated standing Laws, and known Authoris'd Judges*." (Locke, *2TG*, §136.)

A PROPRIEDADE NOS DEMAIS CAPÍTULOS DO *SEGUNDO TRATADO*...

expressas que melhor possam garantir a sua propriedade. Tanto o poder absoluto e arbitrário como o governo sem leis estabelecidas e fixas não podem ser compatíveis com os fins da sociedade e do governo[58].

3. O legislativo não pode tomar nenhuma parte da propriedade de um homem sem o seu consentimento[59]. Não se pode supor que os homens enfrentem a perda da propriedade em estado civil, aquilo que constituía o objetivo principal para neste estado ingressarem. Locke admite que os homens devam pagar impostos para sustentar os enormes encargos do governo, mas esses impostos devem ser proporcionais e devem advir do consentimento do povo. A vontade do povo determina a quantidade de imposto a ser coletado. O que for além disso está subvertendo os fins da sociedade civil[60]; e

4. O legislativo não pode delegar a um homem ou grupo a sua atividade de elaborar leis. Todo poder do legislativo decorre diretamente do povo, portanto o legislativo não pode transferir mais direitos do que realmente tem[61].

---

58. "Absolute Arbitrary Power, or Governing without *settled standing Law, can neither of them consist with the ends of Society and Government.*" (Locke, *2TG*, §137.)

59. "*Thirdly*, The *Supream Power cannot take* from any Man any part of his Property without his own consent." (Locke, *2TG*, §138.)

60. Podemos enxergar nesta limitação um dos princípios tributários essenciais para as bases da sociedade liberal: "No taxation without representation". "For if any one shall claim a *Power to lay* and levy *Taxes* on the People, by his own Authority, and without such consent of the People, he thereby invades the *Fundamental Law of Property*, and subverts the end of Government. For what property have I in that which another may by right take, when he pleases to himself?" (Locke, *2TG*, §140.)

61. "Fourthly, The Legislative neither must *nor can transfer the Power of making Laws* to any Body else, or place it any where but where the People have." (Locke, *2TG*, §142.)

153

LIBERALISMO E NATUREZA. A PROPRIEDADE EM JOHN LOCKE

As teorias da separação entre os poderes podem ser vistas a partir de duas possibilidades antagônicas: ou consistem em teorias da coordenação entre os poderes ou em teorias da subordinação entre os poderes[62]. Defendemos que a teoria de Locke não é uma teoria da separação e coordenação dos poderes – como a de Montesquieu –, mas sim uma teoria da separação e subordinação entre eles. O legislativo é frequentemente tratado como um poder supremo[63], na medida em que é ele quem pode legislar para os demais e, portanto, seria superior aos demais.

A relação entre o legislativo e o executivo, relação em que esse é inferior a aquele, levou comentadores como Gough à conclusão de que o sistema de Locke conteria, no limite, apenas dois poderes realmente separados: o legislativo e o poder combinado executivo-federativo-judiciário[64].

O poder executivo, desta maneira, responde ao poder legislativo, que é o poder supremo, e este, responde ao povo que, no limite, é a fonte originária de toda representação. Segundo Locke, pode-se falar em pessoa suprema, em referência ao executivo, e é até comum que as pessoas assim o façam. Porém esse supremo executivo não tem vontade nenhuma, poder nenhum,

---

62. Bobbio, *op. cit.*, pp. 235-236.

63. "In all Cases, whilst the Government subsists, the *Legislative is the Supream Power*. For what can give Laws to another, must needs be superiour to him: and since the Legislative is no otherwise Legislative of the Society, but by the right it has to make Laws for all the parts and for every Member of the Society, prescribing Rules to their actions, and giving power of Execution, where they are transgressed, the Legislative must need be the *Supream*, and all other Powers in any Members or parts of the Society, derived from and subordinate to it." (Locke, *2TG*, §150.)

64. Gough, *op. cit.*, p. 97.

154

A PROPRIEDADE NOS DEMAIS CAPÍTULOS DO *SEGUNDO TRATADO*...

que não seja derivado da lei[65]. A força do executivo está sempre baseada e limitada pelo princípio da legalidade. Segundo Eduardo Bittar:

> Isso significa que ninguém estará submetido a outro poder, a outra autoridade, senão, em última instância, ao poder contido na lei. Eis aí explícita a ideia de que haverá de marcar a constituição de todos os Estados Democráticos de Direito, que se governam com base no "princípio da legalidade"[66].

Nesse sentido, cabe-se perguntar o que ocorre quando o executivo vale-se de sua força para impedir o legislativo de reunir-se ou atuar. Locke é taxativo a esse respeito: o uso da força sobre o povo, sem autoridade e contra o encargo que lhe foi confiado, coloca aquele que assim age em estado de guerra com o povo, que tem todo o direito de reempossar o legislativo ao exercício de seu poder. O uso da força sem autoridade põe sempre aquele que a emprega em estado de guerra e sujeita-o a ser tratado nos mesmos termos[67]. Já em outro caso, como o de não haver necessidade, por exemplo, de reuniões frequentes

---

65. "[...] as the publick Person vested with the Power of the Law, and so is to be consider'd as the Image, Phantom, or Representative of the Commomwealth, acted by the will of the Society, declared in the Laws; and thus he has no will, no Power, but that of the Law." (Locke, *2TG*, §151.)

66. Bittar, *op. cit.*, p. 187.

67. "It may be demanded here, What if the Executive Power being possessed of the Force of the Commonwealth, shall make use of the force to hinder the *meeting* and *acting of the Legislative*, when the Original Constitution, or the publick Exigencies require it? I say using Force upon the People without Authority, and contrary to the Trust put in him, that does so, is a state of War with the People, who have a right to *reinstale* their *Legislative in the Exercise* of their Power. [...] The use of *force* without

LIBERALISMO E NATUREZA. A PROPRIEDADE EM JOHN LOCKE

dos membros do legislativo, Locke diz que cabe ao executivo, sempre tendo em vista o bem público, marcar e organizar as sessões do supremo órgão[68].

Locke, de fato, reconhece que existem questões que podem ser mais bem tratadas pelo executivo do que pelo legislativo. É aí que estabelece a ideia da *prerrogativa* do executivo. A prerrogativa alcança, no sistema lockiano, aquelas situações em que a lei nada dispõe, ou que a obediência à lei pode levar à injustiça. Assim, no capítulo do *Segundo Tratado*, em que discorre sobre o assunto, Locke conceitua de três maneiras diversas a prerrogativa:

1. O poder de agir conforme discrição em benefício do bem público, sem a prescrição legal e, às vezes, até contra esta prescrição[69];

2. A permissão dos povos para que seus governantes pratiquem atos de sua livre escolha, onde quer que a lei silencie ou, por vezes, até contrariamente à letra expressa da lei, para o bem público[70]; e

Authority, always puts him that uses it into a *state of War*, as the Aggressor, and renders him liable to be treated accordingly." (Locke, *2TG*, §155.)

68. "Thus supposing the regulation of times for the *Assembling and Sitting of the Legislative*, not settled by the original Constitution, it naturally fell into the hands of the Executive, not as an Arbitrary Power depending on his good pleasure, but with this trust always to have it exercised only for the publick Weal, as the Occurrences of times and change of affairs might require." (Locke, *2TG*, §156.)

69. "This Power to act according to discretion, for the publick good, without the prescription of the Law, and sometimes even against it, *is* that which is called *Prerogative*." (Locke, *2TG*, §160.)

70. "[...] *Prerogative* can be nothing, but the Peoples permitting their Rulers, to do several things of their own free choice, where the Law was silent, and sometimes too against the direct Letter of the Law, for the publick good [...]". (Locke, *2TG*, §164.)

156

A PROPRIEDADE NOS DEMAIS CAPÍTULOS DO *SEGUNDO TRATADO*...

3. A prerrogativa não é senão o poder de fazer o bem público independentemente de regras[71].

A prerrogativa não pode, obviamente, dentro do sistema lockiano, funcionar como uma fonte de poder sem limitação. De fato, ela deve se guiar pelo mesmo princípio que rege todas as leis: o bem público e a proteção da propriedade.

O tema do constitucionalismo de Locke inicia-se justamente nesta forte limitação legal que é imposta ao executivo, ao mesmo tempo em que considera o ato de Constituição do legislativo o ato original e supremo da sociedade, que antecede a todas as leis positivas que possam nela haver e que depende primeiramente do povo, de modo que nenhum poder inferior pode alterá-la[72].

Em um primeiro momento, esta superioridade do legislativo que responderia diretamente ao povo marcaria os traços de uma teoria da separação dos poderes democrática e afinada com o constitucionalismo parlamentarista moderno. No entanto alguns comentadores da obra de Locke[73] sugerem que a representação do povo a que Locke se refere no *Segundo Tratado* não corresponderia a um conceito universal que englobasse todos os indivíduos, mas sim à sociedade de proprietários[74]. No liberalismo originário, cuja sistematização foi a obra de Lo-

---

71. "For *Prerrogative is nothing but the Power of doing publick good without a Rule.*" (Locke, *2TG*, §166.)

72. "Though most think it hard to find one, because the Constitution of the Legislative being the original and supream act of the Society, antecedent to all positive Laws in it, and depending wholly on the People, no inferiour Power can alter it." (Locke, *2TG*, §157.)

73. Bobbio e Macpherson, por exemplo, conforme já salientado em capítulo anterior.

74. Marx, por exemplo, chama o parlamento, nada mais nada menos,

LIBERALISMO E NATUREZA. A PROPRIEDADE EM JOHN LOCKE

cke, a classe proprietária é que se fazia representar no poder legislativo, razão pela qual, na constituição do corpo eleitoral, exigia-se a posse de determinados bens de raiz ou certos níveis de renda[75]. Para os *niveladores*, por exemplo, os pedintes e mendigos deveriam ser excluídos do sufrágio, sob o argumento de que tais homens dependiam da vontade alheia e daí poderiam desagradar seus benfeitores[76]. A superioridade do legislativo pode ser lida dentro de uma estrutura de classe, como a superioridade dos proprietários que se transformarão em legisladores. Desta maneira, parece-nos que os casos em que o legislativo deveria responder ao "povo" seriam justamente aqueles que pudessem alterar o regime e a legislação referente à propriedade.

4.4. DIREITO DE RESISTÊNCIA E PROPRIEDADE

> *Donde fica claro que o repúdio a um poder que a força e não o direito instalou sobre alguém, embora tenha o nome de* rebelião, *não constitui contudo ofensa a Deus, mas é o que Ele permite e aprova, mesmo que intervenham promessas e alianças, quando obtidas pela força*[77].
>
> JOHN LOCKE,
> *Segundo Tratado sobre o Governo*, §196.

de o comitê de negócios da burguesia! Cf., nesse sentido, Norberto Bobbio, *Nem com Marx, nem Contra Marx*, São Paulo, Editora Unesp, 2004.

75. Antônio Paim, *Evolução Histórica do Liberalismo*, Belo Horizonte, Itatiaia, 1987, p. 20.

76. Macpherson, *op. cit.*, p. 299.

77. "Whence it is plain, that shaking off a Power, which force, and not Right hath set over any one, though it hath the name of *Rebellion*, yet is no Offence before God, but is that he allows and countenances, though even Promises and Covenants, when obtain'd by force, have intervened."

A PROPRIEDADE NOS DEMAIS CAPÍTULOS DO *SEGUNDO TRATADO*...

A doutrina do direito de resistência do povo contra o abuso de poder dos governantes é, ao lado da teoria da propriedade e da tolerância religiosa, um dos argumentos mais originais e influentes de toda a filosofia lockiana. Sua essência pode ser encontrada no fato de que os homens têm certos direitos naturais existentes antes mesmo da instituição do governo civil, que surge justamente para melhor garanti-los. O direito de resistência dos homens, em geral, aparece quando o governo mostra-se incapaz de atender ao direito de propriedade (entendida em *lato sensu*) do povo. Nesse caso, a rebelião torna-se necessária e coloca os indivíduos de novo em estado de natureza.

É preciso lembrar, neste caso, que o direito de rebelião a que Locke refere-se nos quatro últimos capítulos do *Segundo Tratado* é um direito à revolução, não uma teoria da desobediência civil. Autores como Rawls, por exemplo, falam em desobediência civil, mas nunca em revolução[78]. A situação de um Estado ser tão injusto a ponto de poder levar a uma revolução não é nunca levantada. Locke, por outro lado, considera a rebelião não só uma necessidade em certos casos, mas um direito. No entanto a revolução é descrita no *Segundo Tratado* não apenas como um passo em direção à realização de um ideal de justiça, mas principalmente como uma resistência à degeneração política.

Como a sociedade civil nasce de uma crise do estado de natureza, a sua crise torna possível o retorno àquele estado[79]. Este retorno ao estado de natureza significa a desobrigação

---

78. "Para Rawls, a desobediência civil é um ato político, público e não-violento, contrário à lei, feito com o objetivo de promover a mudança de leis e de políticas governamentais". Celso Lafer, *A Reconstrução dos Direitos Humanos – Um Diálogo com o Pensamento de Hannah Arendt*, São Paulo, Companhia das Letras, 1988, p. 234.

79. Bobbio, *op. cit.*, p. 239.

LIBERALISMO E NATUREZA. A PROPRIEDADE EM JOHN LOCKE

política do indivíduo. É uma situação em que não há lei (exceto a lei da natureza), não há superior reconhecido na terra e não há obrigação a não ser consigo mesmo, perante a própria consciência[80].

Conforme vimos no capítulo destinado ao estado de natureza, no limite, em uma história conjetural lockiana, o direito de resistência decorre do estado de guerra, um dos estágios do estado de natureza lockiano.

Comentadores, como Lloyd Thomas, sustentam que a doutrina do direito de rebelião era, de fato, o que Locke destinava acentuar no seu *Segundo Tratado*[81]. Afinal, segundo Lloyd Thomas, determinar os motivos pelos quais as pessoas uniam-se em sociedades civis era um tema particularmente recorrente na literatura da época[82]. O que destoava dessa filosofia política, na teoria de Locke, era dizer que os mesmos elementos que levavam as pessoas a construírem uma sociedade política podiam ser aqueles pelos quais elas desestruturariam a sociedade civil organizada. E mais, tinham como motivo um direito natural para assim o fazer: a resistência à opressão, ou em termos mais próximos de Locke, a defesa

80. "But farther, this Question (*Who shall be judge?*) cannot mean, that there is no judge at all. For where there is no Judicature on Earth, to decide Controversies amongst Men, *God* in Heaven is *Judge*: He alone, 'tis true, is Judge of the Right. But *every Man* is *Judge* for himself, as in all other Cases, so in this, wheter another hath put himself into a State of War with him, and wheter he should appeal to the Supreme Judge, as *Jephtha* did." (Locke, *2TG*, §241.)

81. Thomas, *op. cit.*, pp. 57-58.

82. Não concordamos completamente com essa interpretação. Acreditamos que Locke estava sendo extremamente original ao justificar a existência da sociedade civil na proteção da propriedade privada.

A PROPRIEDADE NOS DEMAIS CAPÍTULOS DO *SEGUNDO TRATADO*...

da propriedade (entendida aqui em seu sentido lato de vida, liberdade e posses).

Locke, no *Segundo Tratado*, derruba a teoria da obrigação política baseada no direito divino e substitui-a por sua própria doutrina fundamentada no consentimento[83]. O consentimento dá legitimidade ao governo. O que significa que todo poder absoluto é definitivamente ilegítimo. Locke retoma, assim, todo o sentido da argumentação desenvolvida no *Primeiro Tratado*, em que sustenta a impossibilidade de um governante absoluto que derivasse seu poder do poder divino.

Defenderemos, neste capítulo, que o grande mérito de Locke ao elaborar sua teoria da resistência foi ter percebido que o governante que não se submete à lei (tirano) é que é o verdadeiro rebelde. Em outras palavras, quem perturba a paz não é o oprimido que se rebela, porém o opressor que falta à sua obrigação de governar dentro dos limites constitucionais[84]. Esta é a diferença entre o rei legítimo e um tirano. Enquanto o primeiro observa as leis, o segundo abusa de seu poder[85].

Pois reconheço que o ponto principal e essencial de diferença entre um rei legítimo e um tirano usurpador é que enquanto o tirano orgulhoso e ambicioso pensa de fato que seu reino e povo destinam tão somente à satisfação de seus desejos e apetites desarrazoados, o rei justo e legítimo, ao contrário, reconhece ser ordenado para promover a riqueza e a propriedade de seu povo[86].

83. Cf. Nodari, *op. cit.*, p. 151.

84. Bobbio, *op. cit.*, p. 244.

85. "As Usurpation is the exercise of Power, which another hath a Right to; so *Tyranny is the exercise of Power beyond* Right, which no Body can have a Right to." (Locke, *2TG*, §199.)

86. "[...] a Point wherein a lawful King doth directly differ from a tyrant. For I do acknowledge, that the special and great point of Differen-

LIBERALISMO E NATUREZA. A PROPRIEDADE EM JOHN LOCKE

As leis são feitas para o bem do povo, portanto somente o povo pode julgar a legitimidade do governo. A natureza e os fins da sociedade política têm que ser defendidos, para isso é que o povo pode lutar contra um governante de poder absoluto e arbitrário. Com isso, quer-se dizer fundamentalmente que Locke, ao legitimar o direito de resistência, pensa, sobretudo na finalidade da sociedade civil: preservar as propriedades de cada indivíduo, pois o indivíduo constitui o valor último da vida social[87]. As raízes do constitucionalismo moderno podem ser encontradas justamente nesta ideia. O governante também está sujeito às leis e quem julga, no limite, se elas foram descumpridas, é o povo, de quem emana todo poder legítimo[88]. Como diz Locke: "Onde termina a lei, começa a tirania"[89]. Não é à toa

ce that is between a rightful King, and an usurping Tyrant, is this, That whereas the proud and ambitious Tyrant doth think, his Kingdom and People are only ordained for satisfaction of his Desires and unreasonable Appetites; the righteous and just King doth by the contrary acknowledge himself to be ordained for the procuring of the Wealth and Property of his People." (Locke, *2TG*, §200.)

87. Nodari, *op. cit.*, p. 152.

88. "Here, 'tis like, the common Question will be made, *Who shall be judge* whether the Prince or Legislative act contrary to their Trust? This, perhaps, ill affected and factious Men may spread amongst the People, when the Prince only makes use of his due Prerogative. To this I reply, *The People shall be Judge*; for who shall be *Judge* whether his Trustee or Deputy acts well, and according to the Trust reposed in him, but he who deputes him, and must, by having deputed him have still a Power to discard him, when he fails in his Trust?" (Locke, *2TG*, §240.)

89. "*Where-ever Law ends, Tyranny begins*, if the Law be transgressed to another's harm. And whosoever in Authority exceeds the Power given him by the Law, and makes use of the Force he has under his Command, to compass that upon the Subject, which the Law allows not, ceases in

A PROPRIEDADE NOS DEMAIS CAPÍTULOS DO *SEGUNDO TRATADO*...

que a doutrina do direito de resistência vai influenciar enormemente as mentes dos ideólogos das duas grandes revoluções do século XVIII: a francesa e a americana.

A questão do povo e sua relação com a democracia na filosofia política de Locke apontam para um dos problemas internos da democracia que até os dias de hoje não foi resolvido. Locke é partidário do critério majoritário na democracia, o direito da maioria[90]. Como em sua teoria é o povo quem decide se um governante não está agindo como deveria, é a maioria que acaba por decidir se rebelar ou não. E a minoria? Não teria direito a impedir um processo revolucionário? Assim, por um lado, seria justo que, somente por ser minoria, um grupo tenha seus direitos naturais reiteradamente desrespeitados? Afinal, a comunidade não é um todo completamente coeso. Por outro, seria justo que uma minoria regesse a comunidade como um todo? Locke não dá respostas claras a esse problema das minorias no critério majoritário que ele elaborou para decidir se o povo deve ou não se rebelar. O poder é dado pela maioria da comunidade[91]. É o povo que decide se o governo ainda é digno de confiança (*trust*). Parece que a minoria, tendo os seus direi-

---

that to be a Magistrate, and acting whithout Authority, may be opposed, as any other Man, who by force invades the Right of another." (Locke, *2TG*, §202.)

90. "When any number of Men have so *consented to make one Community* or Government they are thereby presently incorporated, and make *one Body politick*, wherein the *Majority* have a Right to act and conclude the rest." (Locke, *2TG*, §95.)

91. "And thus every Man, by consenting with others to make one Body Politick under one Government, puts himself under an Obligation to every one of that Society, to submit to the determination of the *majority*, and to be concluded by it; or else this *original Compact*, whereby he with others incorporates into *one Society*, would signifie nothing, and be

LIBERALISMO E NATUREZA. A PROPRIEDADE EM JOHN LOCKE

tos reiteradamente violados, não tem o direito de resistir a uma maioria que não retirou sua confiança no governo. Isto é um problema. Mas se recusarmos o critério lockiano, o que colocaríamos em seu lugar? Além disso, existe um outro argumento que pode ser encontrado no texto lockiano para a defesa do critério majoritário. Não é apenas porque a maioria expressaria a vontade do maior número que ela deveria ser respeitada, mas também porque assim o é por direito natural. Por direito natural, de início porque a comunhão dos homens em sociedades unificadas está de acordo com a lei natural e igualmente porque a submissão à maioria é a condição necessária dessa comunhão[92]. A maioria constitui não propriamente uma soma de indivíduos, mas do povo racional enquanto tal, que deve ser soberano por natureza[93]. "A aceitação da regra da maioria indica que, ao ingressar na sociedade política, os indivíduos renunciam à sua independência natural, reconhecendo-se como partes integrantes de um conjunto"[94].

Existem diversos motivos pelos quais o governo pode perder a confiança do povo e, portanto, levar a uma situação de rebelião[95].

---

no Compact, if he be left free, and under no other ties, than he was before in the State of Nature." (Locke, *2TG*, §97.)

92. "Não deve então surpreender que no governo da maioria o direito desta esteja de acordo e se conjugue naturalmente com a força. Isto é natural na ordem do mundo racional desde que os homens vivam segundo a lei da razão." (Polin, *op. cit.*, p. 156.)

93. Cf., nesse sentido, Polin, *op. cit.*, p. 155.

94. Bobbio, *op. cit.*, p. 222.

95. "The power of the people, in his system, is exercised at the foundation of the state, but after that it remains dormant unless a revolution becomes necessary, for the established government is sacrosanct so long as it fulfils its trust." (Gough, *op. cit.*, p. 115.)

164

A PROPRIEDADE NOS DEMAIS CAPÍTULOS DO *SEGUNDO TRATADO*...

Em primeiro lugar, devemos citar o exemplo de um governo que falhe em assegurar a lei da natureza. Neste caso, é preciso lembrar-se de que na filosofia política lockiana, ao contrário de Hobbes, por exemplo, os direitos naturais dos indivíduos continuam valendo em sociedade. A sociedade é o instrumento feito por um contrato para melhor assegurar esses direitos. Quando o governante não consegue assegurar ao povo o direito natural que ele tem, dá motivos para a rebelião. Isso pode ocorrer de duas maneiras: ou o governo é completamente inefetivo para assegurar a propriedade, ou age conscientemente contra a propriedade do povo.

Em segundo lugar, podemos citar o exemplo de um governo que falhe em providenciar o bem comum. O poder político pode ser definido como o direito de fazer leis para o bem comum. Um governo providencia as bases para a rebelião se ele age de uma maneira que não vise o bem comum. Segundo Lloyd Thomas, esta situação deixa claro que Locke estava longe do "Estado mínimo", na medida em que o governo tem a obrigação de providenciar o bem comum de maneiras adicionais ao simples reforço da lei da natureza[96].

Em terceiro lugar, podemos elencar a situação em que o governo perde a confiança do povo. Se perder a maioria, perde legitimidade. Isto porque o verdadeiro poder não é do governo ou do governante, mas do povo.

---

96. Thomas, *op. cit.*, p. 64. Esta não é, contudo, nossa posição sobre o assunto. De fato, como tentaremos demonstrar ao longo deste trabalho, Locke será um dos fundadores do liberalismo e essa concepção política, econômica e jurídica se constitui na formulação de um Estado mínimo, que não interfere drasticamente na economia e que é balizado pelo Estado de Direito.

LIBERALISMO E NATUREZA. A PROPRIEDADE EM JOHN LOCKE

Em quarto lugar, temos como possibilidade um governo que falhe em agir dentro dos limites da lei. Em outros termos, um governo tirânico. Um governante que não respeita a Constituição fornece, sem sombra de dúvidas, para Locke, motivos para ser tirado do poder. A doutrina do direito de rebelião está intrinsecamente ligada à proteção da propriedade e à ideia de degeneração da sociedade civil. Locke analisa, nos últimos capítulos do *Segundo Tratado*, quatro formas de degeneração da sociedade civil: a conquista, a usurpação, a tirania e a dissolução do governo. É preciso, neste caso, diferenciar a dissolução da sociedade da dissolução do governo. A dissolução da sociedade acontece, por exemplo, quando uma força estranha vem a conquistar. A dissolução do governo ocorre ou devido a uma alteração ilegítima do legislativo ou por infração de infidelidade do executivo. Nestes últimos dois casos, o poder deve retornar ao povo, pois, como vimos, quem se rebela é o governante, não o povo. De fato, para Locke, um povo bem governado raramente se rebela. Na verdade, tem muito mais a tendência de aceitar os desmandos de um tirano, apesar de ter um direito natural de retirá-lo do poder[97].

Vejamos agora as relações entre o direito de rebelião e as diversas formas de degeneração da sociedade. Em geral, o direito do povo à resistência é legítimo tanto para defender-se da opressão de um governo tirânico, como para libertar-se do domínio de uma nação estrangeira.

---

97. "People are not so easily got out of their old Forms, as some are apt to suggest. They are hardly to be prevailed with to amend the acknowledg'd Faults, in the Frame they have been accustom'd to. And if there be any Original defects, or adventittious ones introduced by time, or corruption; 'tis not an easie thing to get them changed, even when all the world sees there is an opportunity for it." (Locke, *2TG*, §223.)

166

A PROPRIEDADE NOS DEMAIS CAPÍTULOS DO *SEGUNDO TRATADO*...

A conquista não é uma das origens do governo. Isso porque o consentimento obtido pela força, de fato não obriga[98]. É preciso para a instituição de um governo civil um contrato em que exista consentimento comum entre todos. Além disso, a conquista que é realizada por guerra tem diferentes resultados para Locke, dependendo de ser uma guerra justa ou injusta. A conquista por guerra injusta não traz direitos à sujeição e à obediência dos conquistados. A conquista por guerra justa (poder despótico) dá direito sobre a vida dos conquistados, *mas não sobre suas propriedades*[99]. Assim, os filhos continuam a ter o direito de herança dos pais cativos. Isso porque os homens, de acordo com Locke, têm um duplo direito de nascença: a liberdade e a herança[100].

A usurpação é uma espécie de conquista interna. A diferença é que o usurpador jamais pode ter o direito a seu lado, pois só existe usurpação quando alguém se apodera do que outro tem direito. Se o usurpador estender seu poder para além daquilo que por direito pertencia aos príncipes ou ao governante de uma sociedade civil teremos uma tirania associada a uma usurpação[101]. É óbvio que aquele que alcançou

---

98. "It remains only to be considered, whether *Promisses, extorted by force*, without Right, can be thought Consent, and *how far they bind*. To which I shall say, they *bind not at all*; because whatsoever another gets from me by force, I still retain the Right of, and he is obliged presently to restore." (Locke, *2TG*, §186.)

99. "So that he that *by Conquest has a right over a Man's Person* to destroy him if he pleases, has *not* thereby a right *over his Estate* to posses and enjoy it." (Locke, *2TG*, §182.)

100. "Every Man is born with a double Right: *First, A Right of Freedom to his person*, which no other Man has a Power over, but the free Disposal of it lies in himself. *Secondly, A Right*, before any other Man, to *inherit*, whith his Brethern, his Fathers Goods." (Locke, *2TG*, §190.)

101. "As Conquest may be called a Foreign Usurpation, so Usurpa-

LIBERALISMO E NATUREZA. A PROPRIEDADE EM JOHN LOCKE

o poder através de uma outra forma que não a disposta na Constituição de uma sociedade civil não pode obrigar de qualquer maneira o povo[102]. O desrespeito à legalidade leva a uma situação de ilegitimidade[103].

Assim como a usurpação é o exercício de um poder a que outro tem direito, a tirania é o exercício do poder além do direito, a que ninguém pode ter direito[104]. Em um sentido estrito, segundo a linguagem de Locke, tirano é quem recebeu o poder legitimamente – portanto, não se trata do usurpador –, mas o exerce, não para o bem comum do povo, mas para a sua vantagem pessoal[105]. A tirania caracteriza-se essencialmente como

tion is a kind of Domestick Conquest, with this difference, that an Usuper can never have Right on his side, it being no *Usurpation* but where one *is* got into *the Possession of what another has Right to*. This, so far as it is *Usurpation*, is a change only of Persons, but not of the Forms and Rules of the Government: For the Usurper extend his Power beyond, what a Right belonged to the lawfull Princess, or Governours of the Commonwealth, 'tis Tyranny added to Usurpation." (Locke, *2TG*, §197.)

102. "Whoever gets into the exercise of any part of the Power, by other ways, than what the Laws of the Community have prescribed, hath no Right to be obeyed, though the Form of the Commomwealth be still preserved; since he is not the Person the Laws have appointed, and consequently not the Person the People have consented to." (Locke, *2TG*, §198.)

103. "Any government that sacrifies the safety and prosperity of its citizens for the benefit of its rulers is a tyranny. Any government that operates without the consent of the people is equally illegitimate, a usurpation. The requirement of consent follows directly from the principle of freedom, since with no natural basis for authority, authority can arise only from agreement among equals." (Grant, *op. cit.*, p. 200.)

104. "As Usurpation is the exercise of Power, which another hath a Right to; so *Tyranny is the exercise of Power beyond Right*, which no Body can have a Right to." (Locke, *2TG*, §199.)

105. Bobbio, *op. cit.*, p. 242.

A PROPRIEDADE NOS DEMAIS CAPÍTULOS DO *SEGUNDO TRATADO*...

o abuso de poder e, segundo Locke, pode ocorrer em todas as formas de governo. Esse abuso de poder decorre não do encargo, mas sim da autoridade, que dá o direito de agir; e contra as leis não pode haver autoridade[106]. Nesse caso, Locke propõe sua doutrina da legitimidade de resistência ao uso ilegítimo do poder, fazendo algumas concessões. O caráter sagrado do rei, por exemplo, o isenta de dano e de rebelião; no entanto só o rei tem esse caráter sagrado. Locke insiste em dizer que o direito de resistência não perturba necessariamente o governo[107]. Isso porque, em geral, os atos ilegais cometidos pelo magistrado não alcançam todo o povo, indo apenas até "alguns homens particulares". Agora, se a maioria do povo sente as constantes infrações ao direito de um modo que a prejudica em suas propriedades, o povo tem todo o direito de se rebelar e destruindo àquela sociedade civil, voltar ao estado de guerra.

A dissolução interior do governo pode ocorrer por culpa do legislativo ou por culpa do executivo. Locke elenca cinco

106. "For 'tis not the *Commission*, but the *Authority*, that gives the Right of acting; and *against the Law there can be no Authority*. But, nowithstanding, such Resistance, the King's Person and Authority are still both secured, and so *no danger to Governor or Government.*" (Locke, *2TG*, §206.)

107. "But if the unlawful acts done by the magistrate, be maintained (by the Power he has got) and the remedy which is due by Law, be the same Power obstructed; yet the *Right of Resisting,* even in such manifest Acts of Tyranny, *will not* suddenly, or on slight occasions, *disturbe the Government.* For if it reach no farther than some private Mens Cases, thought they have a right to defend themselves, and to recover by force, what by unlawful force is taken from them; yet the Right to do so, will not easily ingage them in a Contest, wherein they are sure to perish; it being as impossible for one or a few oppressed Men to *disturb the Government,* where the Body of the People do not think themselves concerned in it, as for a raving mad Man, or heady Male-content to overturn a well settled State; the People being as little apt to follow the one, as the other." (Locke, *2TG*, §208.)

169

LIBERALISMO E NATUREZA. A PROPRIEDADE EM JOHN LOCKE

casos como exemplo de dissolução do governo por culpa do executivo:

1. O príncipe substitui as leis de forma arbitrária, sem o consentimento do legislativo;
2. O príncipe impede a assembleia legislativa de se reunir;
3. O príncipe altera as regras eleitorais dispostas na constituição;
4. O príncipe submete o povo à dominação de uma potência estrangeira;
5. O príncipe deixa de aplicar as leis aprovadas pelo legislativo.

Como exemplo de dissolução de governo por parte do legislativo, Locke dá apenas um: a violação de confiança (*trust*) efetuada pelo legislativo. Ela ocorre, principalmente, quando o legislativo acaba por intervir na propriedade dos súditos. Propriedade aqui entendida em seu sentido lato de vida, liberdade e posses.

Nas duas hipóteses de dissolução do governo (por parte do legislativo ou do executivo), o povo tem o direito de retomar sua liberdade natural, através de um novo contrato, e instituir um novo legislativo.

A doutrina da rebelião é o melhor remédio contra a verdadeira rebelião, afinal, rebelde, é quem não cumpre a lei. Desta maneira, "quando ou o legislativo é alterado ou os legisladores agem contrariamente ao fim para o qual foram constituídos, os culpados são *culpados de rebelião*"[108]. Os homens, ao entrarem em sociedade e governo civil, excluíram a força e introduziram as leis para a conservação da propriedade, da paz, e da unidade entre eles; aqueles que novamente estabeleceram a força em

---

108. "In both the forementioned Cases, when either the Legislative is changed, or the Legislators act contrary to the end for which they were constituted; those who are guilty are *guilty of Rebellion*." (Locke, *2TG*, §227.)

A PROPRIEDADE NOS DEMAIS CAPÍTULOS DO *SEGUNDO TRATADO*...

oposição às leis são os rebeldes, ou seja, os que promovem novamente o estado de guerra[109].

Todo aquele que usa de força sem direito coloca-se em estado de guerra com aqueles contra os quais a usar e, em tal estado, todos os antigos vínculos são rompidos, todos os direitos cessam e cada qual tem o direito de defender-se e de resistir ao agressor[110]. Isto porque a defesa de si mesmo faz parte da lei da natureza e não pode ser negada à comunidade, nem mesmo contra o próprio rei[111]. Esse estado de guerra, na verdade, nivela as partes e faz todos iguais perante a necessidade de defender suas propriedades.

Nos últimos capítulos do *Segundo Tratado*, em que podemos encontrar a teoria do direito de resistência, podemos perceber que Locke tinha em mente uma concepção de povo e de abuso de poder do governante bem delimitada. Por povo, ele não entendia a massa de súditos, mas sim a sociedade de proprietários que tinham muito a perder com abusos (como a tributação excessiva) do governante[112]. Tanto que o governante

---

109. "For when Men by entering into Society and Civil Government, have excluded force, and introduced Laws for the preservation of Property, Peace, and Unity amongst themselves; those who set up force again in opposition to the Laws, do *Rebellare*, that is, bring back again the state of War, and are properly Rebels." (Locke, *2TG*, §226.)

110. "Whosoever uses *force without Right*, as every one does in a Society, who does it without Law, puts himself into a *state of War* with those, against whom he so uses it, and in that state all former Ties are cancelled, all other Rights cease, and every one has a *Right* to defend himself, and to *resist the Agressor*." (Locke, *2TG*, §232.)

111. Hobbes nega qualquer possibilidade de rebelião contra o soberano, apesar de achar que um indivíduo singular pode tentar resistir a um soberano que tenta matá-lo.

112. Bobbio, *op. cit.*, p. 245. Além disso, "Foi o vigor de sua insistência

LIBERALISMO E NATUREZA. A PROPRIEDADE EM JOHN LOCKE

não pode elevar os impostos sem o consentimento do povo[113]. Macpherson, por exemplo, argumenta que o direito de revolução de Locke excluía a classe operária. "Ela, era incapaz de ação política racional, enquanto o direito à revolução dependia essencialmente de decisão racional"[114]. Seria um subentendido da época de Locke que os pobres "estavam na sociedade civil, mas a ela não pertenciam"[115]. Tully admite que o critério convencional para o direito de voto no século dezessete inglês era a posse de propriedade[116]. O voto censitário aponta claramente para a constatação de que o Estado, na doutrina lockiana, é construído por e para os proprietários. Neste sentido, os que não poderiam votar também não poderiam, logicamente, se rebelar. E por abuso de poder, Locke entendia os casos em que existiria a violação do direito de propriedade (entendida aqui como a vida, a liberdade e as posses do indivíduo)[117]. Por outro

na ilegitimidade da tributação sem representação que, cerca de um século depois, o tornou tão caro aos colonos americanos. Porém, em suas linhas gerais, os *Dois Tratados*, por melhor que lidem com questões constitucionais, não são constitucionalistas. Em vez disso, defendem dois direitos inapeláveis: o direito de um governante, em uma sociedade política legítima, de usar o poder político contra a lei pelo bem público; e o direito de todos os homens de resistir ao governante, mesmo de uma sociedade política legítima, quando ele extravasar em muito o seu poder." (Dunn, *op. cit.*, p. 71.)

113. "Thirdly, they must *not raise Taxe* on the Property of People, *without the consent of the People*, given by themselves, or their Deputies." (Locke, *2TG*, §142.)

114. Macpherson, *op. cit.*, p. 236.

115. *Idem*, p. 239.

116. "The conventional criterion for the right to vote in the seventeenth century was the possession of property." (James Tully, *A Discourse on Property – John Locke and his Adversaries*, New York, Cambridge University Press, p. 173.)

117. "The Reason why Men enter into Society, is the preservation of

A PROPRIEDADE NOS DEMAIS CAPÍTULOS DO *SEGUNDO TRATADO*...

lado, a teoria da rebelião de Locke respondia tanto a Filmer[118], que via na rebelião todos os males do mundo, considerando-a inclusive como um pecado, como contra Hobbes, para quem só existia duas alternativas: a anarquia (liberdade sem ordem) ou o Estado absolutista (ordem sem liberdade).

Os indivíduos que têm meios de realizarem suas personalidades (isto é, os proprietários) não precisam se reservar direitos em oposição à sociedade civil, uma vez que a sociedade civil é construída por e para eles, e dirigida por e para eles. Assim, o indivíduo deixa, por sua livre escolha, a condução do governo à coletividade. Esta, no fundo, é apenas expressão da vontade dos cidadãos, ou seja, os proprietários.

their Property; and the end why they chuse and authorize a Legislative, is, that there may be Laws made, and Rules set as Guards and Fences to the Properties of all the Members of the Society, to limit the Power, and moderate the Dominion of every Part and member of the Society." (Locke, *2TG*, §222.)

118. Cf. Filmer: "17. If it be unnatural for the multitude to choose their governors, or to govern or to partake in the government, what can be thought of that damnable conclusion which is made by too many that the multitude may correct or depose their prince if need be? Surely the unnaturalness and injustice of this position cannot sufficiently be expressed; for admit that a king make a contract or paction with his people, either originally in his ancestors or personally at his coronation – for both these pactions some dream of but cannot offer any proof for either – yet by no law of any nation can a contract be thought broken, except that first a lawful trial be had by the ordinary judge of the breakers thereof, or else every man may be both party and judge in his own case, which is absurd once to be thought, for then it will lie in the hands of the headless multitude when they please to cast off the yoke of government – that God hath laid upon them – to judge and punish him, by whom they should be judged and punished themselves." (Robert Filmer, *Patriarcha or the Natural Power of Kings*. www.constitution.org/eng/patriarcha.htm)

LIBERALISMO E NATUREZA. A PROPRIEDADE EM JOHN LOCKE

A revolução é a última defesa contra a emergência do poder absoluto de um membro da sociedade sobre outro, que, porque nega ao indivíduo sua propriedade, é inconsistente com a sociedade civil. O direito de revolução é a defesa final do governo pelo direito e a constituição da sociedade conforme a lei natural[119]. De qualquer modo, a relação entre a limitação do poder do soberano através das leis e o direito de resistência que visava à proteção da propriedade acabaram moldando a teoria do Estado de Locke. Mais uma vez, os alicerces dos primeiros passos do liberalismo, que se inaugurava com Locke, foram elaborados a partir de uma concepção jusnaturalista: o indivíduo tem um direito natural de se rebelar quando o governo não fornece a total proteção da propriedade[120]. Invertendo a premissa, a função essencial do Estado é garantir a ordem que proporciona a propriedade privada.

119. Tully, *op. cit.*, p. 173.

120. "Second, the productive powers of any political society are said to be derived from the labour power, the property, of the individual members. These powers also are, as Locke put it, 'given up' in establishing political societies so they may be 'regulated' by government for the public good. Again, if labour power is regulated contrary to the trust the members have the right to overthrow their governors and set up new ones." (Tully, *An Approach to Political Philosophy: Locke in Contexts*, Cambridge, Cambride University Press, 1993, p. 137.)

5. PROPRIEDADE E TOLERÂNCIA

> *Quem mistura o céu e a terra, coisas tão remotas*
> *e opostas, confunde essas duas sociedades, as quais em*
> *sua origem, objetivo e substância são por completo di-*
> *versas*[1].
>
> JOHN LOCKE,
> *Carta sobre a Tolerância,* p. 33.

O liberalismo é a arte da separação. Separa-se a Igreja do Estado, o poder político do poder paterno, separam-se os poderes para melhor controlar o poder, separa-se a esfera privada da esfera pública e, por fim, separa-se o poder econômico do poder político. A *Carta sobre a Tolerância* é um bom exemplo de como Locke concebia a relação entre o público e o privado e deve ser lida segundo nossa interpretação, mais como um panfleto de cunho político do que religioso.

---

1. "He jumbles Heaven and Earth together, the things most remote and opposite, who mixes these two Societies; which are in their Original, End, Business, and in every thing, perfectly distinct, and infinitely different from each other."

LIBERALISMO E NATUREZA. A PROPRIEDADE EM JOHN LOCKE

A *Carta* oferece um conjunto de argumentos, apresentados de maneira extremamente clara e lógica, para a separação da Igreja do Estado. É muito ambiciosa porque proclama a independência da política com relação à religião, assunto que não havia sido tratado a partir da ideia de tolerância por nenhum filósofo da modernidade[2] até então, apesar do tema estar em voga no momento em que o filósofo escreveu o texto. A questão da tolerância não era apenas uma questão político-religiosa. Ela atendia, de forma subentendida, a relação entre as Igrejas e a propriedade, transferindo a proteção e a tributação ao Estado, legítima instituição para a garantia da propriedade.

O primeiro argumento da *Carta* é o da separação entre Estado e Igreja. Locke diz que é preciso demarcar com exatidão as verdadeiras fronteiras entre Igreja e a Comunidade. Essas duas instituições têm funções distintas. Uma refere-se aos homens e a suas propriedades nesse mundo, a outra, à salvação eterna da alma. Nem o Estado tem o direito de impor uma fé religiosa, nem uma Igreja pode confiscar propriedades ou perseguir membros de Igrejas diferentes.

Para isso, define comunidade como:

Parece-me que a comunidade é uma sociedade de homens constituída apenas para a preservação e melhoria dos *bens civis* de seus membros. Denomino de *bens civis* a vida, a liberdade, a saúde física e a libertação da dor, e a posse de coisas externas, tais como terras, dinheiro, móveis etc.[3]

2. Maquiavel traça uma emancipação da política com relação à religião, principalmente da moral cristã em seu *O Príncipe*. No entanto, não escreve uma linha sequer sobre o princípio da tolerância.

3. "The Commonwealth seems to me to be a Society of Men consti-

PROPRIEDADE E TOLERÂNCIA

Com efeito, o papel do Estado, para o filósofo, é o de garantir a ordem pública, a paz, a coexistência da diversidade, a garantia ao próprio direito de opinião e a propriedade[4]. Ao magistrado cabe ordenar sobre as coisas civis, sempre de acordo com as leis civis, mas não pode dispor sobre a salvação das almas. Assim, Locke dá três motivos pelos quais o magistrado[5] não pode interferir nos assuntos religiosos:

1. Nem Deus, nem os homens outorgaram direito ao magistrado para interferir em assuntos de ordem religiosa.
2. O cuidado das almas não pode pertencer ao magistrado civil porque seu poder consiste totalmente na coerção[6]. A religião não depende de força externa, mas sim de convicção interna, de persuasão da mente[7].
3. Como cada nação tem uma religião, a porta de entrada para o céu seria bastante e por demais estreita. Somente alguns que tiveram a sorte de nascer em determinada nação poderiam entrar no reino dos céus.

tuted only for the procuring, preserving, and advancing of their own *Civil Interests. Civil Interests* I call Life, Liberty, Health, and Indolency of Body; and the Possession of outward things, such as Money, Lands, Houses, Furniture, and the like." (Locke, *Letter*, p. 26.)

4. Lopes, *op. cit.*, p. 195.

5. "In a note in the margin Locke explains that 'by magistrate I understand the supreme legislative power of any society, not considering the form of government or number of persons in whom it is placed'." (Gough, *op. cit.*, p. 180.)

6. "If the Gospel and the Apostles may be credited, no Man can be a Christian without *Charity*, and without *that Faith which works*, not by Force, but by Love." (Locke, *Letter*, p. 23.)

7. "And upon this ground I affirm, that the Magistrate's Power extends not to the establishing of any Articles of Faith, or Forms of Worship, by the force of his Laws." (Locke, *Letter*, p. 27.)

LIBERALISMO E NATUREZA. A PROPRIEDADE EM JOHN LOCKE

A conclusão geral é, portanto, a de que o governo civil deve-se importar com as coisas deste mundo, não com as coisas de outro mundo.

Já a Igreja é assim definida por Locke: "Parece-me que uma Igreja é uma sociedade livre de homens, reunidos entre si por iniciativa própria para o culto público de Deus, de tal modo que acreditam que será aceitável pela Divindade para a salvação de suas almas"[8].

É nesse ponto que aparece o segundo argumento da *Carta*, uma forma de ver o mundo que já estava explícita no *Segundo Tratado*: o individualismo[9]. Segundo tal concepção, cada indivíduo é inteiramente responsável pelo caminho que deseja trilhar para alcançar a salvação. Mais que isso, é um direito natural do indivíduo a escolha de qual Igreja deseja participar e praticar o culto[10]. Assim, a Igreja pode ser entendida como uma

8. "A Church then I take to be a Society of Men, joining themselves together of their own accord, in order to be publick worshiping of God, in such a manner as they judge acceptable to him, and effectual to the Salvation of their Souls." (Locke, *Letter*, p. 28.)

9. "After all, if toleration in the end was necessitated in practice by the multiplicity and variety of the sects, religious liberty was logically the outcome of the protestant belief that each individual (with God's assistance) could interpret scripture for himself." (Gough, *op. cit.*, p. 173.)

10. Afinal, quem pode ter certeza absoluta do verdadeiro caminho para os céus? "For where is the man that has uncontestable evidence of the truth of all that he holds, or of the falsehood of all he condemns; or can say, that he has examined to the bottom all his own or other men's opinions? The necessity of believing without knowledge, nay, often upon very slight grounds, in this fleeting state of action and blindness we are in, should make us more busy and careful to inform ourselves than constrain others. At least those who have not thoroughly examined to the bottom all their own tenets, must confess they are unfit to prescribe to others, and are unreasonable in imposing that as truth on other men's belief whi-

178

PROPRIEDADE E TOLERÂNCIA

comunidade livre e voluntária, porque seus membros também são naturalmente livres e voluntários. Quando ocorre o caso de alguém ser obrigado a respeitar os cultos de uma outra Igreja a qual não escolheu, o indivíduo não está apenas sendo coagido, mas também, na visão de Locke, está cometendo um verdadeiro pecado perante Deus e desobedecendo a própria lei da natureza. É daí que surge a ideias de tolerância, ela é um dos princípios de direito natural. Como diz Locke, logo no início da *Carta*, a marca principal e distintiva de toda verdadeira Igreja é a tolerância. Nenhum indivíduo deve atacar ou prejudicar de qualquer maneira a outro nas suas propriedades porque professa outra religião ou culto[11]. Isto vale também para as Igrejas: devem-se relacionar como as pessoas, nenhuma delas deve ter qualquer espécie de jurisdição sobre a outra, nem mesmo quando o magistrado civil pertence a uma ou outra Igreja, já que o governo não pode outorgar qualquer novo direito à Igreja nem a Igreja ao governo civil[12].

Contra a crença de que se deve expandir o cristianismo pela força, Locke lança mão de dois argumentos: Deus permite

ch they themselves have not searched into, nor weighed the arguments of probability on which they should receive or reject it." (Locke, *Essay*, 4.16.4.)

11. "No private Person has any Right, in any manner, to prejudice another Person in his Civil Enjoyments, because he is of another Church or Religion." (Locke, *Letter*, p. 31.)

12. "What I say concerning the mutual Toleration of private Persons differing from one another in Religion, I understand also of particular Churches; which stand as it were in the same Relation to each other as private Persons among themselves, nor has any one of them any manner of Jurisdiction over any other, no not even when the Civil Magistrate (as it sometimes happens) comes to be of this or the other Communion." (Locke, *Letter*, p. 31.)

LIBERALISMO E NATUREZA. A PROPRIEDADE EM JOHN LOCKE

ser venerado no modo pelo qual cada homem julga estar certo e o cristianismo deve ser assegurado e expandido pelo amor e não pela coação.

De fato, nas *Constituições Fundamentais da Carolina*, Locke deixa clara a tolerância necessária aos índios da região, que, apesar de não professarem a mesma religião que os peregrinos, deveriam ser respeitados para a verdadeira paz pública. Indo mais além, Locke abrange os judeus e pagãos nesta tolerância religiosa, cabendo aos cristãos apenas a tentativa de convencimento pela razão: "isso se fará graças aos bons procedimentos, à persuasão e a todos os métodos convincentes da moderação e da doçura que convêm aos preceitos e aos desígnios do Evangelho"[13].

A tese central da *Carta* é a de que a religião não é eminentemente uma matéria de ordem pública, sobre a qual os poderes políticos pudessem se pronunciar, mas sim de caráter privado. Conforme observa Comparato, a tolerância invocada por Locke não é uma simples virtude moral, mas, antes, um dever jurídico, que incumbe tanto aos governantes como a particulares o dever de respeitar um direito natural, a saber: o de professar livremente as convicções religiosas[14]. Locke, na *Carta*, vai separar o que é de atribuição das autoridades estatais (o bem-estar e a posse de propriedades) do que é da competência dos chefes religiosos (o bem-estar do espírito). A convicção religiosa é uma questão de foro interno, não cabe às autoridades estatais. "Quem mistura o céu e a terra, coisas tão remotas e opostas, confunde essas duas sociedades, as quais em sua origem, objetivo e substancia são por completo diversas"[15].

13. Locke, *Carolina*, art. XVCII.
14. Comparato, *op. cit.*, p. 212.
15. "He jumbles Heaven and Earth together, the things most remote

180

PROPRIEDADE E TOLERÂNCIA

A *Carta* parece ter sido escrita contra o absolutismo religioso, na medida em que pode ser lida como um texto sobre a liberdade de opinião. O relativismo religioso de Locke, no entanto, era limitado. O filósofo exclui quatro categorias de pessoas da tolerância religiosa:

1. Aqueles que professam um dogma oposto e contrário à sociedade humana ou aos bons costumes necessários para conservar a sociedade civil.

2. Os que se atribuem privilégios civis de que não dispõem o resto dos mortais, e que, por consequência, são intolerantes diante dos que não partilham a sua fé.

3. Os que estão sob obediência de um soberano estrangeiro (referência clara aos católicos, que seriam os papistas).

4. Os ateus.

É fácil entender por que Locke colocava tais limitações em seu princípio da tolerância. No primeiro caso, aqueles que não se comportam bem em sociedade civil não podem tampouco participar de uma associação que é garantida livremente pela sociedade civil. No segundo caso, a questão gira em torno dos privilégios que uma determinada seita pode adquirir sobre outra, algo insustentável para alguém que estava tentando mostrar que todas as Igrejas tinham a mesma legitimidade perante o Senhor. O terceiro caso é de especial interesse. Nele, Locke demonstra que a Igreja não pode vir a ser um foco de sedição contra uma sociedade civil organizada. Como os papistas obedecem a um soberano, o papa, antes de qualquer outro, poderíamos ter espaço para disputas religiosas. O quarto e último

and opposite, who mixes these two Societies; which are in their Original, End, Business, and in every thing, perfectly distinct, and infinitely different from each other." (Locke, *Letter*, p. 33.)

181

LIBERALISMO E NATUREZA. A PROPRIEDADE EM JOHN LOCKE

timo caso é o mais incompreensível, à primeira vista. Se Locke queria garantir a salvação das pessoas pelos trilhos que elas mesmas escolheram, por que excluir os ateus da tolerância? A resposta é clara. Os ateus, por não acreditarem em Deus, não são passíveis de qualquer moralidade, que somente decorre dos desígnios divinos. A existência de Deus – algo que sustenta o pensamento lockiano[16] –, é o fundamento de toda conduta moral. Segundo Gough, o ateísmo para Locke seria possivelmente o caminho para a anarquia, pois os ateus, não teriam a necessidade de cumprir com seus pactos, inclusive o contrato social[17]. Deixar os ateus e papistas de fora da tolerância, por mais que pareça estranho a nossos olhos, quase quatro séculos depois da *Carta*, faz sentido se se pensar que o que Locke defendia era uma tolerância que permitisse a liberdade e a propriedade nos quadros de uma sociedade civil. Tudo que pudesse por em xeque esse projeto de construção de uma sociedade deveria ser excluído.

Com efeito, a regra geral para se entender o princípio da tolerância de Locke parece ser a seguinte: "não se pode tolerar os intolerantes".

É dessa maneira que Locke inverte o argumento usado por muitos dos que eram contrários a tolerância religiosa e pregavam a igreja única[18]. O argumento central dessa forma de

16. "O próprio Locke era profundamente religioso e sua fé na existência de um Deus perfeitamente sábio e todo-poderoso comanda o conjunto do seu sistema." (Raymond Polin, "Introdução", *Cartas sobre Tolerância*, São Paulo, Ícone, 2004, p. 32.)

17. Gough, *op. cit.*, p. 181.

18. Como era o caso de Hobbes que achava que o súdito somente tinha direito de professar a religião do soberano. As demais confissões religiosas seriam focos de sedição. Cf., neste sentido, Comparato, *op. cit.*, p. 211.

182

PROPRIEDADE E TOLERÂNCIA

pensar era o de que a variedade de Igrejas poderia fazer que existissem diversos focos de sedição. Argumentavam que era melhor para a saúde da sociedade civil a existência de uma única religião e Igreja. Locke inverte esta argumentação e propõe que justamente pelo fato das pessoas não poderem escolher qual culto desejam é que existiria a possibilidade de sedição, porque somente uma coisa reúne as pessoas para a sedição: a opressão[19]. Em face de um governo ou de uma Igreja desejosos de impor a unidade da crença, não resta outra alternativa senão a rebelião[20]. É a diversidade de Igrejas que traz a paz.

Isso não significa que as Igrejas tenham total liberdade de fazer leis a seus membros. De acordo com o filósofo, deve sempre prevalecer a lei civil. Assim, no exemplo dado na *Carta*, é impossível, imoral e ilícito uma Igreja que desejasse fazer sacrifícios de crianças em seu culto. O magistrado civil tem todo o poder de dispor sobre as coisas irrelevantes, ou seja, as coisas que não interfiram diretamente no culto religioso, mas que asseguram a ordem pública[21]. Tudo que é permitido na comu-

19. "But there is one only thing which gathers People into Seditious Commotions, and that is Oppression." (Locke, *Letter*, p. 52.)

20. "Locke states in the 1675 *Letter* that what distinguishes limited from arbitrary monarchs is that they have not only the fear of divine punishment hanging over their heads but also 'the fear of human resistance to restrain them'." (Tully, *op. cit.*, p. 55.)

21. "Finally, as a consequence of alienation, a subject is always obligated to obey any law and not to question it, even if it prescribes forms of worship the subject believes to be unacceptable to god. This will not compromise a person's faith because faith is a matter of inner belief – judgement or conscience – whereas obedience to the law need only be a matter of will or outer behavior. With this crucial Protestant distinction between inner conscience and faith and will and obedience, Locke could argue, like all English uniformists, that conformity and obedience

183

LIBERALISMO E NATUREZA. A PROPRIEDADE EM JOHN LOCKE

nidade civil é permitido na comunidade religiosa, tudo que é proibido na primeira o é na segunda[22]. É importante perceber, neste caso, que foi somente devido a uma separação dualista entre o interno do homem, sua consciência, e o externo, suas ações, é que Locke pode argumentar que não existe, necessariamente, uma distância entre a crença e a obediência. As pessoas podem cultuar da maneira que quiserem a Deus e isso pode se dar sem a desobediência às leis civis. Porém um indivíduo tem o direito de desobedecer a uma lei justa se esta entrar em conflito com a sua consciência, contanto que reconheça sua obrigação política perante o bem público sofrendo, como consequência, uma punição[23].

Sustentamos a importância da *Carta* para as concepções democráticas modernas, pois nela podemos antever argumentações sobre o direito à palavra e à liberdade de pensamento, e o direito de reunião e associação. Como bem salienta José Reinaldo de Lima Lopes, a *Carta* de Locke prepara a ideia de Estado laico, ensino laico etc.[24]. Enfim, os componentes essenciais do Estado liberal.

Conforme destaca Celso Lafer:

are compatible with liberty of conscience." (Tully, *op. cit.*, p. 51.) "Besides excluding papists and atheists, he always gave the magistrate a right to interfere in things indifferent where peace and public order necessitaded it." (Gough, *op. cit.*, pp. 191-192.)

22. "This only I say, That Whence-soever their Authority be sprung, since it is Ecclesiastical, it ought to be confined whithin the Bounds of the Church, nor can it in any manner be extended to Civil Affairs; because the Church it self is a thing absolutely separate and distinct from the Commonwealth." (Locke, *Letter*, p. 33.)

23. Tully, *op. cit.*, p. 55.

24. José Reinaldo de Lima Lopes, *O Direito na História: Lições Introdutórias*, São Paulo, Max Limonad, 2002, p. 196.

PROPRIEDADE E TOLERÂNCIA

De fato, uma das características do estado liberal é a clara de-marcação entre estado e não-estado. Essa demarcação traduziu-se na perda, pelo estado liberal, do poder ideológico através do reconhecimento dos direitos civis, sobretudo os da liberdade religiosa e de opinião. Daí a identificação entre laicismo e estado liberal[25].

É preciso não perder de vista, portanto, que o Estado laico pode ser entendido como um dos pré-requisitos para a formação do moderno Estado liberal. A emancipação da política com relação à religião não afasta apenas as teorias do direito divino dos reis, mas inaugura em seu lugar novas questões para a teoria política, como, por exemplo, a legitimidade dos Estados que não são monarquias absolutas derivadas do poder divino, a propriedade sem consenso entre os homens, a emergência dos direitos de opinião e associação etc.

Como pondera Comparato:

> Não é difícil entender, após a leitura deste notável panfleto político, por que os revolucionários americanos, um século após sua divulgação na Inglaterra, entenderam que a liberdade de religião é fonte de todas as liberdades individuais, ou por que a Primeira Emenda à Constituição americana é considerada, ainda hoje, a pedra angular de todo ordenamento jurídico dos Estados Unidos[26].

Defendemos que Locke, com sua *Carta*, realmente inovou no que diz respeito às relações entre Estado e religião, que desde a Antiguidade, eram considerados conjuntamente. Nossa tese, neste capítulo, é a de que mais uma vez, uma certa concepção de direito natural que tinha em seu conteúdo

25. Lafer, *op. cit.*, p. 79.
26. Comparato, *op. cit.*, p. 216.

LIBERALISMO E NATUREZA. A PROPRIEDADE EM JOHN LOCKE

a ideia de que se deveria professar livremente as convicções religiosas teve consequências para a teoria do Estado do autor. A concepção diferenciada de jusnaturalismo de Locke ajudava a construir as bases de um Estado liberal, pois se preconizava a autonomia do Estado e suas instituições perante os assuntos de ordem religiosa.

LIBERALISMO E NATUREZA. A ILUSÃO DA DEMOCRACIA E DA IGUALDADE

Peter Laslett no início de seu célebre ensaio[1] introdutório a respeito dos *Dois Tratados sobre o Governo* faz a seguinte citação de John Locke: "Em parte alguma encontrei uma descrição mais clara da *propriedade* do que em um livro intitulado *Dois Tratados sobre o Governo*".

A observação pode parecer um disparate; afinal, o livro citado era da autoria do próprio Locke e o tema da propriedade já havia sido discutido anteriormente por muitos outros autores clássicos. O fato é que, apesar do teor desconcertante da afirmação de Locke, sua observação acerca de seu próprio livro não se contrapõe à opinião dos estudiosos. A filosofia política de John Locke se tornaria clássica e suas ideias sobre propriedade, governo civil, liberdade e rebelião continuam a fazer parte do debate político contemporâneo.

---

1. Peter Laslett, "Introduction", *John Locke's Two Treatises of Government – A Critical Edition with an Introduction and Apparatus Criticus by Peter Laslett*, Cambridge, Cambridge University Press, 1988, p. 3.

LIBERALISMO E NATUREZA. A PROPRIEDADE EM JOHN LOCKE

De fato, o conceito de propriedade de Locke, elogiado pelo próprio autor, é bastante original e central em sua filosofia política, conforme tentamos demonstrar. Corresponde, em sua teoria, inclusive, tanto ao motivo principal para o estabelecimento das sociedades políticas, como ao motivo principal para a rebelião. É através da teoria da propriedade que os homens podem passar de um mundo abstrato da liberdade e igualdade, baseado na relação deles com Deus e a lei natural, para o mundo concreto da liberdade civil garantida por acordos políticos. No parágrafo 124 do *Segundo Tratado*, Locke afirma: "O *fim maior* e principal para os homens unirem-se em sociedades políticas e submeterem-se a um governo é, portanto, *a preservação de sua propriedade*"[2].

Nesse sentido, a propriedade aparece como o direito natural fundamental que dará sustentação à sociedade civil. Conforme vimos no item Direito de Resistência e Propriedade, a garantia da propriedade será o que legitima o governo civil, de modo que um governo que resolva intervir nas propriedades dos indivíduos está sujeito à rebelião.

Mas talvez, para melhor medirmos o papel do conceito de propriedade na filosofia política lockiana, valha à pena refletirmos sobre a seguinte afirmação de Kelsen:

Se a liberdade individual é o princípio fundamental da democracia e a propriedade individual, a base do capitalismo, poderia se afirmar a existência de uma relação essencial entre democracia e capitalismo, desde que fosse possível demonstrar a existência de uma união indissociável entre propriedade e liberdade. Tal tentativa foi

---

2. "The great and *chief end* therefore, of Mens uniting into Commonwealths, and putting themselves under Government, *is the Preservation of their Property*." (Locke, *2TG*, §124.)

188

LIBERALISMO E NATUREZA. A ILUSÃO DA DEMOCRACIA E DA IGUALDADE

feita pela primeira vez na doutrina do Direito Natural desenvolvida por John Locke[3].

A passagem levanta um problema importante para a filosofia política: será que somente existiria liberdade em um sistema que preservasse a propriedade privada? Ou, de outra maneira, será que o liberalismo como foi teorizado por Locke, em sua doutrina do direito natural, é a forma mais acabada de política que respeite os direitos dos homens?

Locke está nas origens do pensamento liberal e em sua teoria política já podemos encontrar a emancipação do poder político do poder religioso – conforme vimos no capítulo "Propriedade e Tolerância" – e a emancipação do poder econômico do poder político. Nesse caso, a sociedade econômica é encarada como sociedade natural, garantida pelo direito natural à propriedade, e a sociedade política é vista como sociedade artificial, construção consensual para a garantia da sociedade econômica. A economia não só se emancipa da política, mas a sobrepõe na teoria política lockiana.

Tentamos ao longo do livro provar que existe uma indissociabilidade entre os pressupostos da democracia liberal e economia de mercado, fruto de uma concepção jusnaturalista específica de Locke. O direito natural do autor leva, necessariamente, a uma teoria do Estado liberal[4]. Mas será que isto significa dizer também, necessariamente, que a democracia somente possa ocorrer dentro de pressupostos liberais?

---

3. Kelsen, *op. cit.*, p. 283.

4. "Quanto à função histórica do jusnaturalismo, insisto oportunamente sobretudo em um ponto: o jusnaturalismo foi o caminho pelo qual passaram as várias concepções que propuseram limites para o poder estatal." (Bobbio, *op. cit.*, p. 151.)

De fato, tentamos mostrar as contradições internas que podemos encontrar na teoria política e jurídica do autor. No capítulo "A Teoria da Propriedade no *Segundo Tratado sobre o Governo*", mostramos como as desigualdades sociais já podem ser encontradas no próprio estado de natureza, que, no limite, pode ser pensado como uma sociedade de classes pré-política, e como a sociedade civil aparece no sistema lockiano para garantir os interesses dos proprietários em detrimento dos direitos dos trabalhadores. Mostramos ainda como Locke limita naturalmente a propriedade para depois, com a invenção do dinheiro, retirar as limitações naturais à apropriação.

A contradição não é no fundo entre a teoria e a prática, no caso de Locke. Desde o princípio os direitos são universalizados para depois *no próprio texto* trocarem de sentido. É assim que a igualdade natural dá origem à desigualdade de fato, que a liberdade funda a opressão, a comunidade funda a sociedade dividida e a democracia não é para todos. O feito de Locke teria sido o de ser lembrado pela posterioridade como o autor que lutou contra o absolutismo político, defensor da liberdade e da tolerância e por ter sido esquecido como o autor que colocou a propriedade como o direito mais importante dos homens, superior até mesmo as outras liberdades civis[5], e limitou o Estado a uma entidade garantidora das propriedades privadas dos indivíduos mais afluentes. Acreditamos poder ver na sociedade atual, em que o liberalismo reina triunfante perante todas as demais ideologias, contradições

---

5. Locke afirma, categoricamente, no parágrafo 139 do *Segundo Tratado* que um sargento pode obrigar um soldado a marchar até a boca de um canhão, um general pode condená-lo até mesmo a morte, mas nenhum dos dois pode tirar um centavo da propriedade deste soldado.

LIBERALISMO E NATUREZA. A ILUSÃO DA DEMOCRACIA E DA IGUALDADE

que já podiam ser vislumbradas na teoria política e jurídica de Locke[6].

A democracia lockiana não pode ser mais do que uma democracia formal, garantida pela força de um poder legislativo (uma assembleia de proprietários) que elabora as regras para todo o corpo social. Locke não imagina uma democracia material dos homens em sociedade e nem em estado de natureza. A desigualdade econômica mostra-se justificada pela possibilidade racional de acúmulo sem fim de moeda já no estado de natureza e a sociedade civil aparece com seu aparato burocrático e judicial para garantir aos proprietários o bom usufruto de suas riquezas[7]. Mesmo sua doutrina do direito de resistência tem como pressuposto a ideia de que o monarca ou o poder legislativo não podem indiscriminadamente mexer na propriedade, que é inviolável, dos cidadãos.

A luta de Locke contra os pilares do Antigo Regime o tornou um dos filósofos mais influentes da história. Não podemos negar a enorme influência que Locke teve sobre os ideólogos burgueses da Revolução Francesa e Americana. No artigo II da declaração de direitos de 1789 na França, por exemplo, pode-

6. O liberalismo não é uma única corrente política econômica. Esta forma de pensar encontrou diferentes formulações em diferentes autores como, por exemplo, Adam Smith, Montesquieu, Benjamim Constant, Stuart Mill, Tocqueville e Kant. O que nos importa, nesse nosso estudo, é a especificidade do liberalismo de John Locke. É nesse sentido que procuramos estudar seu principal instituto: a propriedade privada.

7. "Se as ideias de Hobbes sobre política e religião contribuíram decisivamente para a liquidação da sociedade estamental europeia, e abriram caminho à irresistível ascensão nacional e internacional da burguesia, foi somente graças às propostas institucionais de John Locke que a civilização burguesa e o correspondente modo de vista capitalista puderam se afirmar em todo o mundo." (Comparato, *op. cit.*, p. 205.)

LIBERALISMO E NATUREZA. A PROPRIEDADE EM JOHN LOCKE

mos ler: "Estes direitos são a liberdade, a propriedade, a segurança, a resistência à opressão"[8]. Direitos que Locke trabalhou com bastante dedicação em sua obra política.

O uso da coerção organizada, por um lado, viu-se balizado pela instauração do Estado de Direito e do princípio da legalidade em Locke. Em síntese, o liberalismo buscou limitar a ação do Estado, o que, enquanto teoria política, veio a significar a ideia do Estado mínimo, enquanto teoria econômica a defesa da economia de mercado e enquanto teoria jurídica o respeito ao princípio da legalidade inerente à *rule of law* do Estado de Direito[9].

As leis civis, em Locke, no entanto, são elaboradas por um corpo legislativo composto por proprietários que buscavam a limitação dos poderes do Estado na regulação dos direitos de propriedade. Estas leis são apenas complementares às leis naturais que obedecem, no limite, a economia de mercado. O Estado de Direito com o respeito à legalidade não faz mais que perpetuar as desigualdades econômicas adquiridas ainda no estado de natureza.

A originalidade de Locke foi a de, adaptando certos conceitos jusnaturalistas, formular uma concepção de Estado liberal que, talvez possamos afirmar, até hoje está em vigor. Neste tipo de Estado, as contradições e desigualdades são mascaradas como se os direitos civis fossem de fato universais, quando, na verdade, não o são. Estes direitos operam formalmente e não materialmente. Acreditamos ter demonstrado como essas contradições atuais já podiam ser encontradas no texto da teoria político-jurídica de Locke, no século XVII, nas origens do liberalismo.

---

8. André Lalande, *Vocabulário Técnico e Crítico da Filosofia*, São Paulo, Martins Fontes, 1999.

9. Cf. Lafer, *op. cit.*, p. 80.

BIBLIOGRAFIA

ARENDT, Hannah. *A Condição Humana.* Rio de Janeiro, Forense Universitária, 2007.

ARISTÓTELES. *A Política.* São Paulo, Martins Fontes, 2002.

ASHCRAFT, Richard. *Revolutionary Politics and Locke's 'Two Treatises of Government.* Princeton, Princeton University Press, 1967.

AYERS, Michael. *Locke – Ideias e Coisas.* São Paulo, Editora Unesp, 2000.

BAKHTIN, Mikhail. *Estética da Criação Verbal.* São Paulo, Martins Fontes, 1997.

BARRETO, Vicente de Paulo (coord.). *Dicionário de Filosofia do Direito.* Rio de Janeiro/São Leopoldo, Renovar/Editora Unisinos, 2006.

BITTAR, Eduardo Carlos Bianca. *Curso de Filosofia Política.* São Paulo, Atlas, 2005.

BOBBIO, Norberto. *Locke e o Direito Natural.* Brasília, Editora Universidade de Brasília, 1997.

_____. *Teoria Geral da Política – A Filosofia Política e as Lições dos Clássicos.* Rio de Janeiro, Campus, 2000.

_____. *Thomas Hobbes.* Rio de Janeiro, Campus, 1991.

LIBERALISMO E NATUREZA. A PROPRIEDADE EM JOHN LOCKE

_____. *Nem com Marx, Nem Contra Marx*. São Paulo, Editora Unesp, 2004.

BOBBIO, Norberto; MATTEUCCI, Nicola & PASQUINO, Gianfranco. *Dicionário de Política*. Brasília, Editora Universidade de Brasília, 1995.

CHAPPELL, Vere (org.). *The Cambridge Companion to Locke*. Cambridge, Cambridge University Press, 1994.

CHÂTELET, François; DUHAMEL, Olivier & PISIER-KOUCHNER, Evelyne. *História das Ideias Políticas*. Rio de Janeiro, Jorge Zahar Editor, 1985.

CHEVALLIER, Jean-Jacques. *As Grandes Obras Políticas – de Maquiavel a Nossos Dias*. Rio de Janeiro, Agir, 1990.

CINTRA, Rodrigo Suzuki. "Locke e o Direito de Resistência". *Cadernos da Escola Superior da PGE*. São Paulo, Imprensa Oficial do Estado de São Paulo, n. 1, dez. 2008, pp. 59-72.

COMPARATO, Fábio Konder. *Ética – Direito, Moral e Religião no Mundo Moderno*. São Paulo, Companhia das Letras, 2006.

DALLARI, Dalmo de Abreu. *Elementos de Teoria Geral do Estado*. São Paulo, Saraiva, 1995.

DUNN, John. *Locke*. São Paulo, Loyola, 2003.

FERRAZ JR., Tercio Sampaio. *Estudos de Filosofia do Direito – Reflexões sobre o Poder, a Liberdade, a Justiça e o Direito*. São Paulo, Atlas, 2003.

_____. *Introdução ao Estudo do Direito – Técnica, Decisão, Dominação*. São Paulo, Atlas, 1996.

FILMER, Robert. *Patriarcha or the Natural Power of Kings*. www.constitution.org/eng/patriarcha.htm

FRANCO, Maria Sylvia Carvalho. "All the World Was America – John Locke, Liberalismo e Propriedade como Conceito Antropológico". *Revista USP n. 17, Dossiê Liberalismo/Neoliberalismo*. São Paulo, USP, 1993.

GHIGGI, Gomercindo & OLIVEIRA, Avelino da Rosa. *O Conceito de Disciplina em John Locke – O Liberalismo e os Pressupostos da Educação Burguesa*. Porto Alegre, Edipurs, 1995.

BIBLIOGRAFIA

GOUGH, J. W. *John Locke's Political Philosophy – Eight Studies*. Oxford, Clarendon Press, 1973.

GRANT, Ruth W. *John Locke's Liberalism*. Chicago, University of Chicago Press, 1987.

GRÓCIO, Hugo. *O Direito da Guerra e da Paz*. Ijuí, Editora Ijuí, 2004.

HARRIS, Ian. *The Mind of John Locke – A Study of Political Theory in its Intellectual Setting*. New York, Cambridge University Press, 1994.

HARRISON, Ross. *Hobbes, Locke and Confusion's Masterpiece – An Examination of Seventeenth-century Political Philosophy*. Cambridge, Cambridge University Press, 2003.

HOBBES, Thomas. *Do Cidadão*. São Paulo, Martins Fontes, 2002.

_____. "Leviatã ou Matéria, Forma e Poder de um Estado Eclesiástico e Civil". In: *Os Pensadores*. São Paulo, Abril Cultural, 1974.

JORGE FILHO, Edgar José. *Moral e História em John Locke*. São Paulo, Loyola, 1992.

KELSEN, Hans. *A Democracia*. São Paulo, Martins Fontes, 1993.

KUNTZ, Rolf. "Locke, Liberdade, Igualdade e Propriedade". In: QUIRINO, Célia Galvão; VOUGA, Cláudio & BRANDÃO, Gildo Marçal (orgs.). *Clássicos do Pensamento Político*. São Paulo, Edusp, 2004.

LAFER, Celso. *A Reconstrução dos Direitos Humanos – Um Diálogo com o Pensamento de Hannah Arendt*. São Paulo, Companhia das Letras, 2006.

_____. *Ensaios sobre a Liberdade*. São Paulo, Perspectiva, 1980.

_____. *Ensaios Liberais*. São Paulo, Siciliano, 1991.

LALANDE, André. *Vocabulário Técnico e Crítico da Filosofia*. São Paulo, Martins Fontes, 1999.

LASLETT, Peter. "A Teoria Política e Social dos *Dois Tratados sobre o Governo*". In: QUIRINO, Célia Galvão & SOUZA, Maria Teresa Sadek (orgs.). *O Pensamento Político Clássico*. São Paulo, T. A. Queiroz Editor, 1980.

LIBERALISMO E NATUREZA. A PROPRIEDADE EM JOHN LOCKE

_____. "Introdução". *Dois Tratados sobre o Governo*. São Paulo, Martins Fontes, 2001.

LOCKE, John. *Two Treatises of Government – A Critical Edition with an Introduction and Notes by Peter Laslett*. Cambridge, Cambridge University Press, 2004.

_____. *Dois Tratados sobre o Governo*. Trad. Julio Fischer. São Paulo, Martins Fontes, 2001.

_____. *Segundo Tratado sobre o Governo Civil – E Outros Escritos*. Trad. Magda Lopes e Marisa Lobo da Costa. Petrópolis, Vozes, 1994.

_____. "Segundo Tratado sobre o Governo". In: *Os Pensadores*. Trad. E. Jacy Monteiro. São Paulo, Abril Cultural, 1973.

_____. *A Letter Concerning Toleration*. Editada e introduzida por James Tully. Indianapolis, Hackett Publishing Company, 1983.

_____. *Cartas sobre a Tolerância*. Trad. Jeane B. Duarte Rangel e Fernando Dias Andrade. São Paulo, Ícone, 2004.

_____. "Carta Acerca da Tolerância". In: *Os Pensadores*. Trad. Anoar Aiex. São Paulo, Abril Cultural, 1973.

_____. *An Essay Concerning Humam Understanding*. New York, Prometheus Books, 1995.

_____. "Ensaio Acerca do Entendimento Humano". In: *Os Pensadores*. Trad. Anoar Aiex. São Paulo, Abril Cultural, 1973.

_____. "Constituições Fundamentais da Carolina". *Segundo Tratado sobre o Governo Civil – e Outros Escritos*. Petrópolis, Vozes, 1994.

_____. "Some Thoughts Concerning Education". *English Philosophers of the Seventeenth and Eighteenth Ccenturies – Locke, Berkeley and Hume*. New York, P. F. Collier & Son Corporation, 1956.

_____. *Considerações sobre as Consequências da Redução do Juro*. Trad. Walter R. P. Paixão. São Paulo, Associação Editorial Humanitas, 2005.

_____. *Essays on the Law of Nature and Associated Writings*. W. von Leyden (ed.). Oxford, Claredon Press, 2002.

BIBLIOGRAFIA

LOPES, José Reinaldo de Lima. *O Direito na História: Lições Introdutórias*. São Paulo, Max Limonad, 2002.

MACPHERSON, C. B. *A Teoria Política do Individualismo Possessivo – de Hobbes a Locke*. Rio de Janeiro, Paz e Terra, 1979.

MAQUIAVEL, Nicolau. "O Príncipe". In: *Os Pensadores*. São Paulo, Abril Cultural, 1973.

MARSHALL, John. *John Locke – Resistance, Religion and Responsibility*. Cambridge, Cambridge University Press, 1996.

MASCARO, Alysson Leandro. "A Filosofia do Direito e seus Horizontes". *Revista Cult*, 112, ano 10, abr. 2007, pp. 42-45.

_____. *Introdução à Filosofia do Direito – Dos Modernos aos Contemporâneos*. São Paulo, Atlas, 2006.

MONTESQUIEU. "Do Espírito das Leis". In: *Os Pensadores*. São Paulo, Abril Cultural, 1973.

MORAES, Amaury César. "Liberalismo e Propriedade no 'Capítulo V' do *Segundo Tratado sobre o Governo* de Locke". *Direito e Filosofia – A Noção de Justiça na História da Filosofia*. São Paulo, Atlas, 2007.

MORRESI, Sergio. "Pactos e Política – O Modelo Lockiano a Ocultação do Conflito". In: BORON, Atílio A. (org.). *Filosofia Política Moderna – De Hobbes a Marx*. Buenos Aires, CLACSO, 2006.

NODARI, Paulo César. *A Emergência do Individualismo Moderno no Pensamento de John Locke*. Porto Alegre, Edipucrs, 1999.

NOZICK, Robert. *Anarquia, Estado e Utopia*. Rio de Janeiro, Jorge Zahar Editor, 1991.

PAIM, Antônio. *Evolução Histórica do Liberalismo*. Belo Horizonte, Itatiaia, 1987.

PINHO, Diva Benevides & VASCONCELLOS, Marco Antonio Sandoval de (orgs.). *Manual de Economia*. São Paulo, Saraiva, 2003.

POLIN, Raymond. "Indivíduo e Comunidade". In: QUIRINO, Célia Galvão & SOUZA, Maria Teresa Sadek (orgs.), *O Pensamento Político Clássico*. São Paulo, T. A. Queiroz Editor, 1980.

_____. "Introdução". *Cartas sobre Tolerância*. São Paulo, Ícone, 2004.

RIBEIRO, Renato Janine. *Ao Leitor sem Medo – Hobbes Escrevendo Contra o seu Tempo*. Belo Horizonte, Editora UFMG, 2004.

SALGADO, Gisele Mascarelli. *O Contrato como Transferência de Direitos em Thomas Hobbes*. Pontifícia Universidade Católica, 2003. Dissertação de mestrado.

SANTILLÁN, José F. Fernández. *Locke y Kant – Ensayos de Filosofía Política*. Ciudad del México, Fondo de Cultura Económica, 1992.

SCHMIDT-BIGGEMANN, Wilhelm. "Samuel von Pufendorf – Filosofia do Estado e do Direito entre o Barroco e o Iluminismo". *Filósofos do Século XVII*. São Leopoldo, Editora Unisinos, 2000.

SMITH, Adam. *A Riqueza das Nações*. São Paulo, Abril Cultural, 1983.

SOUZA, Paulo Clinger de. *A Dialética da Liberdade em Locke*. Londrina, Eduel, 2003.

SREENIVASAN, Gopal. *The Limits of Lockean Rights in Property*. Oxford, Oxford University Press, 1995.

STRAUSS, Leo. *Natural Right and History*. Chicago, University of Chicago Press, 1965.

TADIÉ, Alexis. *Locke*. São Paulo, Estação Liberdade, 2005.

THOMAS, D. A. Lloyd. *Locke on Government*. London, Routledge, 1995.

TULLY, James. *A Discourse on Property – John Locke and his Adversaries*. Cambridge, Cambride University Press, 1980.

_____. *An Approach to Political Philosophy: Locke in Contexts*. Cambridge, Cambride University Press, 1993.

VÁNARGY, Tomás. "O Pensamento Político de John Locke e o Surgimento do Liberalismo". In: BORON, Atílio A. (org.). *Filosofia Política Moderna – De Hobbes a Marx*. Buenos Aires, CLACSO, 2006.

YOLTON, John W. *Dicionário Locke*. Rio de Janeiro, Jorge Zahar Editor, 1996.

Título	Liberalismo e Natureza. *A Propriedade em John Locke*
Autor	Rodrigo Suzuki Cintra
Editor	Plinio Martins Filho
Produção editorial	Aline Sato
Capa	Adriana Garcia e Tomás Martins
Ilustração da Capa	Vera Lúcia Suzuki Dias Cintra
Editoração eletrônica	Adriana Garcia
Revisão	Plinio Martins Filho
Formato	14 x 21 cm
Tipologia	Plantin 10,5/15
Papel	Cartão Supremo 250 g/m^2 (capa) Pólen Soft 80 g/m^2 (miolo)
Número de páginas	200
Impressão e acabamento	Cromosete Gráfica e Editora